棋类学习教程
QILEI XUEXI JIAOCHENG
（国际象棋 国际跳棋）

小棋手课程

XIAOQISHOU KECHENG

胡伟敏 施志娥 李敏俊 主编

浙江工商大学出版社
ZHEJIANG GONGSHANG UNIVERSITY PRESS
·杭州·

图书在版编目（CIP）数据

小棋手课程 / 胡伟敏，施志娥，李敏俊主编 . -- 杭
州：浙江工商大学出版社，2020.5
 ISBN 978-7-5178-3759-6

Ⅰ.①小… Ⅱ.①胡… ②施… ③李… Ⅲ.①棋类运
动—学前教育—教学参考资料 Ⅳ.①G613.7

中国版本图书馆 CIP 数据核字（2020）第 028268 号

小棋手课程

XIAOQISHOU KECHENG

胡伟敏　施志娥　李敏俊　主编

责任编辑	杨　戈	
封面设计	雪　青	
责任印制	包建辉	
出版发行	浙江工商大学出版社	
	（杭州市教工路198号　邮政编码310012）	
	（E-mail：zjgsupress@163.com）	
	（网址：http：//www.zjgsupress.com）	
	电话：0571-88904980，88904923（传真）	
排　　版	杭州朝曦图文设计有限公司	
印　　刷	杭州高腾印务有限公司	
开　　本	787mm×1092mm　1/16	
印　　张	8.5	
字　　数	150千	
版 印 次	2020年5月第1版　2020年5月第1次印刷	
书　　号	ISBN 978-7-5178-3759-6	
定　　价	42.50元	

前言

FORWORD

小棋手课程的探索最早源于教育部、国家体育总局联合下发的文件《关于在学校开展国际象棋、中国象棋、围棋活动的通知》。文件中指出:"棋类活动具有教育、竞技、文化交流和娱乐功能,有利于学生个性塑造和美德培养,有利于独立解决问题的思维能力、操作能力的培养,有利于提高学生的文化素养……"因此,我们将棋类教学引入到幼儿园,开展园本特色教学活动,旨在发展儿童的品格和思维。历经近二十年的实践研究,国际象棋园本课程《小棋盘 大世界》被评为浙江省首届优秀精品课程。

让儿童通过下棋变得更加睿智通达,是我园棋类特色课程实施的最终目的。2015年,我们进行了领域拓宽,更多维度地关注儿童思维力、品质力、探究力和合作力的发展,对应核心素养和学习路径,开发了国际跳棋教学,并将其纳入小棋手的课程,从而较为全面整合成小棋手课程体系的架构,为课程的深入实施,夯实了基础,也为儿童种下了一颗睿智的种子。

目录

CONTENTS

国际跳棋篇

国际象棋篇

当你翻开这本书的时候，棋弈殿堂的神奇大门正在为你打开。

国际象棋是来自国外历史悠久的智力运动项目，有"人类智慧试金石"的美誉，复杂有趣的棋盘较量，让棋手的大脑时刻处于思考的状态中。无论在地球的哪个角落，我们都能以棋会友，找到志趣相投的好同伴。

近年以来，丽水市承办国际、全国、全省的大型国际象棋赛事，吸引了国内外各界人士积极参与，缙云县实验幼儿园的小棋手多次在国内外赛事上崭露头角，在棋弈中体验乐趣、感受成功，养成勇于挑战、胜不骄败不馁、三思而后行的良好品质，变得更爱思考，做事更有条理！

"棋"乐无穷，乐在"棋"中！让我们在黑白棋子的对弈中健康快乐地成长吧！

>>> 熟悉棋盘

故事：国际象棋王国

在大森林里，有一个大大的棋盘，棋盘上有六十四个黑白两种颜色的房子，在这上面住着两个王国，一个王国都是白种人，一个王国都是黑种人。两个王国里面分别都有一个国王、一个后、两只小象、两匹马、两个车和八个小士兵。他们都想独

图 1.1-1

自拥有这里所有的房子，于是便开始了战争。国王和后是最高的领导，所以他们站在最中间，白后喜欢站在白格，黑后喜欢站在黑格，国王站在后的旁边，他们将小象放在自己的两边，把小马放在两个小象的旁边，把车又放在两匹小马的旁边，最后将八个小兵排成一排放在自己的前面来保护自己。他们经常打仗，而且每次都是白种人先出动，一直到现在战争还没有结束。小朋友们想知道他们是怎么打仗的吗？快来学下国际象棋吧！

知识点

国际象棋每一方都有6个兵种，分别是：王、后、车、马、象、兵。每一方都有16个棋子：一王和一后，两车、两马、两象，还有八个兵。每次下棋前，都要检查一下自己的棋子是否都到战场上了，千万不要出现逃兵哦！

这是白方的棋子 →

王　后　象　马　车　兵

← 这是黑方的棋子

王　后　象　马　车　兵

摆棋歌

小兵两排在一起，
车马两边象对齐，
白后摆在白格里，
黑后黑格别忘记，
留下一格给国王。

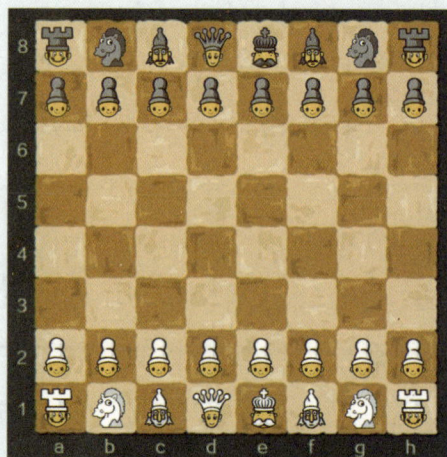

图 1.1-2　棋子的初始位置

亲子课堂

1. 宝贝们，你能找出下面摆错的棋子吗？和爸爸妈妈一起在自己的棋盘上摆一摆！

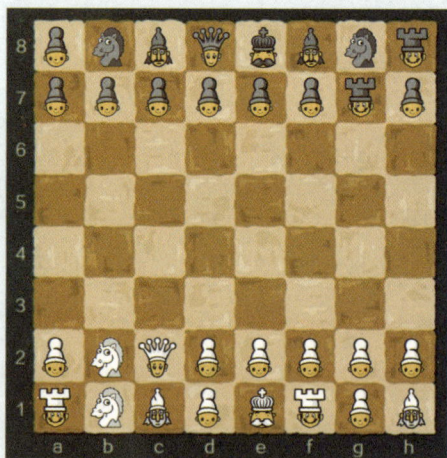

图 1.1-3

2. 和爸爸妈妈比赛，看看谁能最快地把32个棋子摆到正确的位置上。

图 1.1-4

第一课

小兔躲雨

活动目标

1. 在寻找棋盘上的黑格和白格中体验游戏的乐趣。
2. 能沿着相邻的格子跳到指定的位置。

活动准备

教学大棋盘、户外棋盘场地。

活动过程

一、了解棋盘上的深色格和浅色格

出示教学大棋盘,区别深色和浅色。提问:棋盘上的格子是什么颜色的? 哪些是深色的? 哪些是浅色的? 引导幼儿发现棋盘上有深色格和浅色格。深色格称为黑格,浅色格称为白格,以及黑白间隔的排列规律。

图 1.1-5

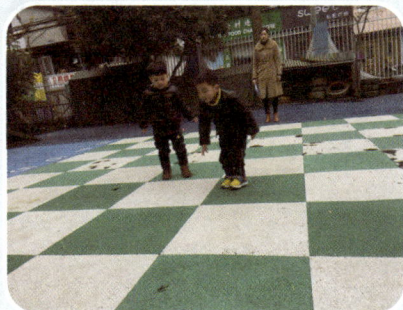

图 1.1-6

二、来到操场棋盘上,玩一玩游戏"小兔找家"

1. 听指令,找相应颜色的格子。

儿歌:"小兔小兔蹦蹦跳,跳到草地吃青草。下雨了,快到绿房子里躲雨吧!"(按颜色要求蹲在相应的格子里)

2. 沿着相邻的格子跳到指定位置。

小兔的家在棋盘对面的角落里,它沿着相邻的格子一步一格,跳到自己的家。横跳、竖跳、斜跳都可以。小兔们,快来找家吧!

图1.1-7

你能帮它找到家吗?试试看,画一画路线图。

第二课

种萝卜

活动目标

1. 初步感知国际象棋棋盘、棋子的形状和结构。

2. 在游戏中形成格子的概念。

图 1.1-8

活动准备

人手一份国际象棋棋子和棋盘、大型棋子六个。

图 1.1-9

活动过程

一、出示棋盘和棋子，初步认识六种棋子

1. 教师介绍棋子名称：王、后、象、马、车、兵（使用大型立体棋子）看看这些棋子是长什么样子的？你最喜欢谁？请个别幼儿上来指一指，认一认。

2. 幼儿在篮子里找出相应的棋子。

二、游戏：种萝卜

棋子就是种子，格子就是泥土，种子要种在泥土里，一个格子只能种一颗种子，白格黑格都可以种。

三、幼儿练习摆放，随意摆放成各种图形

图 1.1-10

第三课

拔萝卜

活动目标

熟悉棋盘中的行数,感受游戏的快乐。

活动准备

户外棋盘场地。

活动过程

一、棋盘游戏:种萝卜

1. 小朋友当萝卜来到在棋盘场地,玩种萝卜的游戏。数一数,棋盘土地有几层?

2. 按照孩子的性别、衣服、鞋子着装的不同,分类种萝卜。

(1)男孩子萝卜种在第二层,女孩子萝卜种在第七层;

(2)红衣服红萝卜种在第一层,黑衣服萝卜种在第三层

3. 全部萝卜种好了,大家一起玩拔萝卜的音乐游戏。

二、音乐游戏:拔萝卜

拔萝卜

（大众乐谱网制谱）

佚　名词
包恩珠曲

1=F

|5·|6|1| |3·|2|1| |5·|3|2| |5·|3|2|

1. 老公公：　　　　拔　萝卜，　　拔　萝卜，　　哎　哟哟　哟　　哎　哟哟哟，
2. 老公公老婆婆：　拔　萝卜，　　拔　萝卜，　　哎　哟哟　哟　　哎　哟哟哟，
3. 小弟弟同大家：　拔　萝卜，　　拔　萝卜，　　哎　哟哟　哟　　哎　哟哟哟，

|5 5 5 5| |2 3 2| |5 5 5 5| |2 3 1| |5·|6|1|

哎哟哎哟　拔不动，　哎哟哎哟　拔不动，　老婆婆，
哎哟哎哟　拔不动，　哎哟哎哟　拔不动。　小弟弟，
哎哟哎哟　拔不动，　哎哟哎哟　拔不动。　小花猫，

|3·|2|1| |5 5 5 5| |2 3 1| |x x x| |x x|

快　快来，　快来帮我　拔萝卜　（老婆婆："来　哟"）
快　快来，　快来帮我们　拔萝卜　（小弟弟："来　哟"）
快　快来，　快来帮我们　拔萝卜　（小花猫："来　哟"）

4. 小花猫同大家：拔萝卜，拔萝卜，哎哟哟，哎哟哟，哎哟哎哟拔不动，哎哟哎哟拔不动。小花狗，
快快来，快来帮我们拔萝卜。（小花狗："来哟"）

5. 小花狗同大家：拔萝卜，拔萝卜，哎哟哟，哎哟哟，哎哟哎哟拔不动，哎哟哎哟拔不动。小老鼠，
快快来，快来帮我们拔萝卜。（小老鼠："来哟"）

6. 小老鼠同大家：拔萝卜，拔萝卜，哎哟哟，哎哟哟，哎哟哎哟拔不动，哎哟哎哟拔不动。大家来，
加把劲，拔呀拔呀拔萝卜。（众："哈哈！"）

图 1.1-11

≫ 脚踏实地的国王

故事:脚踏实地的国王

后带兵去打仗,果然得了多次胜仗,国王说:"你们以前为了考虑我的安全,都不让我参加作战,可是我是一国之王,哪能每次都稳坐军中帐,我也要和大家一起参加战斗。"象说:"国王,这太危险了!"国王说:"不行,我也要贡献自己的一份力量,我心意已决。"车说:"国王既然心意已定,那就一起参加战斗吧!"后说:"让我出一个万全之策,国王你年事已高,出行时定要脚踏实地,一步一个脚印地走,可千万别走得太急了,这也利于我们保护你!"国王说:"行,我会遵照后的意见,一步一个脚印,旁边的格子走一走,加倍小心。在你们的周围,我也可以保护你们啊!"从这以后,军中有国王亲临作战,胜算又多了几分把握!

知识点

王的走法和吃法

王可以横走、竖走、斜走，但是每次只能走一格。与王相邻的8个格子都是王可攻击的范围，敌人如果走到它身边的格子里，就会被王吃掉。

注：王可以到棋盘中的任意一格。

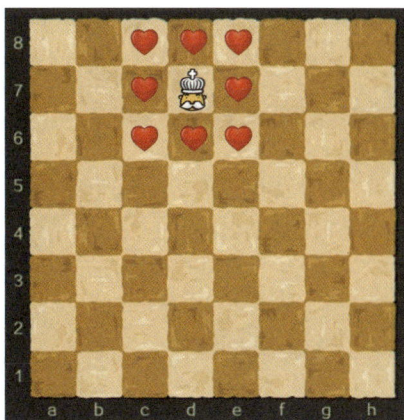

图 1.2-1

念一念

国王爷爷

国王不住紫禁城，

一步一格缓缓行。

军队之中最尊贵，

一旦杀王定输赢。

王周围的标记就是王走一步棋可以到达的地方，也是王的攻击范围。

亲子课堂

游戏：国王和鲜花

棋盘上摆放国王和许多鲜花图片。国王爷爷过生日了，好多人来献花。

1. 看看哪些花是国王走一步就能收到的？

2. 还有一些花在远处，你能帮助国王一步一步走过去收吗？

图 1.2-2

第四课

搭城堡

活动目标

1. 初步学习王的走法。
2. 尝试轮流走棋。

活动准备

教学棋盘和幼儿棋盘,桌面玩具若干,单个大型黑王、白王。

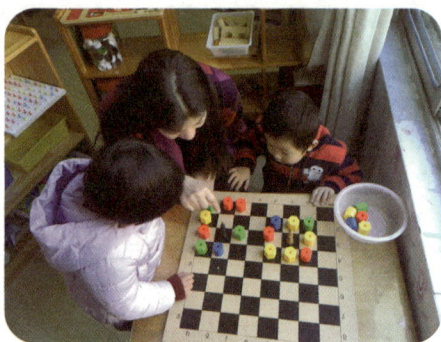

图 1.2-3

活动过程

一、认识王(黑王和白王)

看看国王爷爷长的什么样子? 国王个子长得最高,头顶上有十字皇冠,是国际象棋中最尊贵、最重要的棋子,也是其他棋子保卫的目标。

二、游戏:搭城堡

1. 了解王的走法:国王爷爷走得慢,一步一格缓缓行,可以横走,竖走,斜走,每次只能走一格。白王和黑王,轮流走出来散步。

2. 黑王和白王到棋盘上搭城堡,与王相邻的八个格子,就是城墙。

3. 幼儿每人一个棋盘用玩具搭城墙。尝试轮流走黑王和白王,走到对方的城堡中去参观。

吃面包

活动目标

1.在游戏中巩固王的走法,学习王的吃法。

2. 探索王在棋盘中的活动范围。

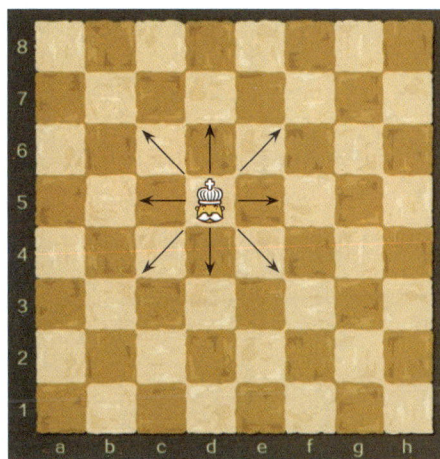

图 1.2-4

活动准备

棋盘人手一份,面包玩具若干。

活动过程

一、做烤箱面包

把黑面包和白面包都在烤箱里摆放好,一个格子放一个面包(根据幼儿能力水平,控制面包的数量)。

二、游戏"吃面包"

王一步一格吃面包,每次只能吃一个,前后左右都能吃,横走、竖走、斜走都可以。

图 1.2-5

三、幼儿每人一个棋盘,玩吃面包游戏

第六课

摆棋花

活动目标

通过游戏,帮助幼儿熟悉棋盘中的横线、竖线和斜线。

活动准备

雪花片、各种玩具卡片、大棋盘、小棋盘。

活动过程

一、游戏"摆棋花"

1. 横线和竖线

"现在,你们看大棋盘上,我用雪花片摆成了什么? 数一数用了几片雪花片? 在哪些格位上?""你们会吗? 也来摆一摆。"

2. 斜线

"现在又变成什么了? 用了几片雪花片?"(幼儿学摆)

3. 十字架

"现在又变成什么了,雪花片都放在哪些格位上?"(幼儿学摆)

4. 花朵

"棋花越变越美丽,现在变成了什么? 谁向大家介绍一下? 谁第一个学会?"(幼儿学摆)

5. 幼儿动手操作

"你们自己会用雪花片摆各种图案吗?"(幼儿自己动手操作)

"谁愿意向大家介绍一下你摆放的棋花。"(幼儿向大家介绍)

二、引起幼儿进一步探索的欲望

"现在我们小朋友每个人上来拿一个小纸包,小纸包里有一朵小花,还写有格位,你根据写的格位,把小花放好。"(幼儿在大棋盘上放小花)

"你们看,现在,这些小花在棋盘上变成什么了?"(中一)。"对,是我们中一班的名字,你们看神奇吗?国际象棋王国里有许许多多的奥秘,以后,我们再来一起研究!"

摆棋花

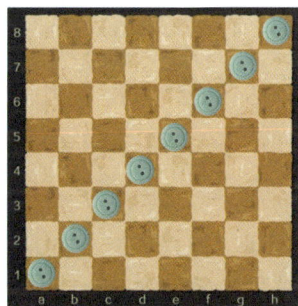

图1.2-6

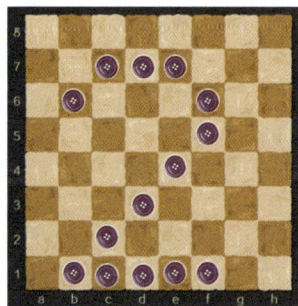

图1.2-7

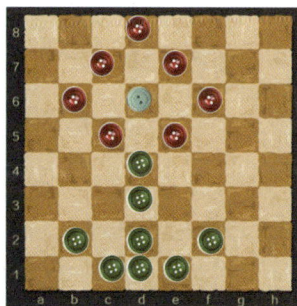

图1.2-8

图1.2-9

横冲直撞的车

故事：小车的本领

为了增强战斗力，国王请来了国际象棋王国里最有力量的棋子之一——车，小车神气地说："我是横冲直撞的小汽车，会横走，会竖走，多远都不怕，如果敌人进入我的横线、竖线范围内，我就消灭它！"国王说："如果有自己棋子挡路，怎么办？"车说："那我就不能继续前进了，我不能越过自己棋子。"国王很喜欢车的本领，还让它当后的师傅呢！

知识点

车的走法和吃法

车可以横着走，也可以竖着走，走的远近格数都不限。可以一次走一格，也可以选择一次走到棋盘上相同直线的另一头，一步棋可以走多远没有规定，要根据棋局的具体需要而定。车的吃法和走法相同，即怎么走，怎么吃。

（如图 1.3-2），车可以选择吃马或兵。

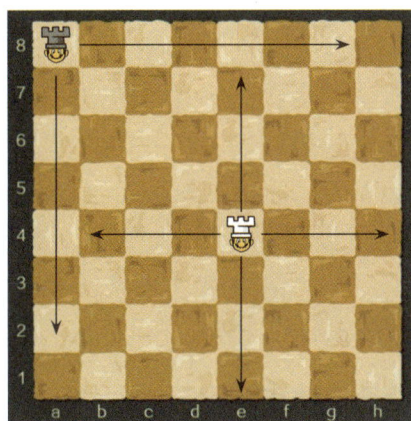
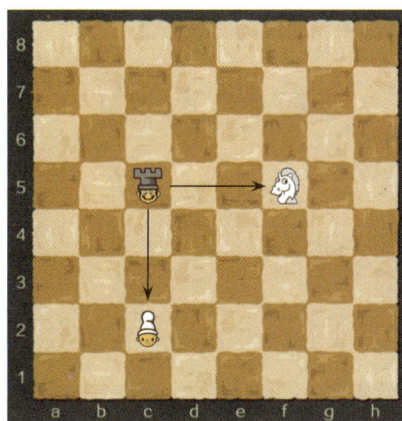

图 1.3-1 图 1.3-2

念一念

小车歌

家住棋盘四个角。

横着走，竖着走，

前后左右管直线，

位于通路作用大。

亲子课堂

练一练："小车搬石头"

请和爸爸妈妈试一试用车的走法搬石头，看谁先搬完所有的石头。

（提示：一步只能搬一颗石头）

图 1.3-3

小车搬石头

活动目标

1. 通过游戏"搬石头",掌握车的走法与吃子。
2. 初步了解棋弈游戏中的规则,并能在游戏中遵守。

活动准备

一种颜色的石头玩具、棋盘、黑白车。

图1.3-4

活动过程

一、学习车的走法与吃子

1. 车的走法:车走横线和竖线,格数不限,不能越子走棋。

师:"国际象棋王国中的车的走法和马路上开的汽车一样,可以向前、向后、向左、向右四个方向笔直开。谁愿意来试一试?"

2. 车的吃法:吃子方法与走法相同(即走到哪,吃到哪)

二、游戏:搬石头

1. 在棋盘上放上黑车和石头,提问:"小黑车要怎么走才能把石头搬走?"教师示范把车走到石头的格位上,并拿走石头。

2. "小白车也要去逛花园,可是路上的石头太多了,它要把石头都搬掉才能到花园。"请个别幼儿上前搬石头。

3. 请一个幼儿和教师在教学棋盘上,示范轮流搬石头。

三、幼儿对弈

1. 摆好棋局:要求双方轮流走棋。(提示:双方对弈时,要摆放好再走哦!)

2. 搬石头:看谁搬的石头多或是把对方车吃掉,谁就是赢家。

第八课

转弯了等一等

活动目标

1. 懂得直接吃不到的棋子,需要等一步。
2. 了解棋弈游戏中的轮流规则,并能在游戏中遵守。

活动准备

大棋盘、棋子、玩具或石头。

活动过程

一、复习车的走法与吃子

1. 车走横线和竖线,格数不限,不能越子走棋。
2. 吃子方法与走法相同(即走到哪,吃到哪)。

二、懂得直接吃不到的棋子,需要等一步

1. 白车要把石头搬走,找找石头在哪里,可石头离白车很远,横着走搬不到,竖着走也搬不到,怎么办呢? 先走到哪里?

师:当车直接搬不到的棋子,需要等一步,把车走到下一步能搬的地方,等对方下过了,才可以搬掉对方的石头。就像马路的红绿灯,红灯了等一等。

2.个别幼儿和教师一起轮流下棋。

三、幼儿对弈(初始的局面如图1.3-5)

图1.3-5

第九课

摘星星

活动目标

1. 复习王和车的走法和吃法。
2. 体验对弈游戏的乐趣。

活动准备

教学棋和幼儿棋(王和车),星星玩具若干。

活动过程

一、棋子蒙面人

今天棋子宝宝戴上面纱,变成了蒙面人和小朋友一起游戏,你能根据蒙面棋子的走法猜出他们是谁吗? 你是怎么猜出来的?

二、摘星星

(初始局面如图1.3-6,黑白方各拿出一王和两车,摆放在棋盘对角,棋盘中间摆两排小星星)国王和小车要出去摘星星了。教师示范车、王摘星星的方法:拿起车(王)走到有星星的格位上,并拿走星星。

第一关:比一比,哪方摘的星星多?

第二关:以吃掉对方的王为胜。

图 1.3-6

故事:勇敢的小兵

在国际象棋王国里,生活着很多小兵,白兵有8个,他们住在第2层;黑兵也有8个,他们住在第7层。刚参加打仗,小兵都非常开心,有的直接冲出两格,但是由于小兵的力气小,所以之后只能一格一格地走。虽然小兵本领不大,但为了保卫自己的家园,他们永远往前,从不后退。

它们带上自己称手的武器,参与战斗。兵的武器是两柄短剑,我们知道短剑短,刺得近,只能近身杀敌。所以它能够袭击自己斜前方的敌人,叫"斜吃"。小兵最勇敢,只进不退,而且是"直走斜吃"。

知识点

1. 兵每次走子,只能往前走一格,不能后退,不能横行。

2. 在原始位置的兵第一次可以选择直走两格或者直走一格。已离开原始位置的兵只能一次走一格。

3. 兵是国际象棋中唯一走法与吃法不同的棋子。兵的吃法是斜进一格吃子,即"直走斜吃"。

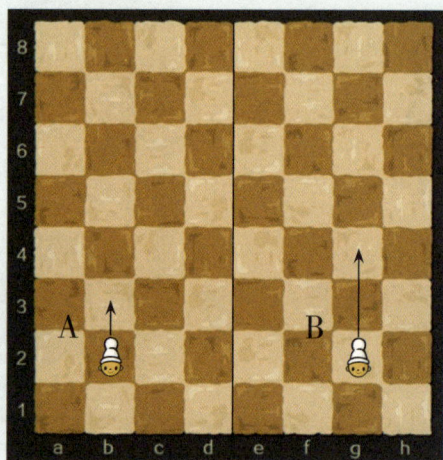

图1.4-1

兵的走法:

A图:兵直走一格

B图:兵直走两格(只限原始位置时的走子)

兵的吃子:

A图:兵能攻击到的房间

B图:轮到白方走棋,白兵就能吃掉黑兵

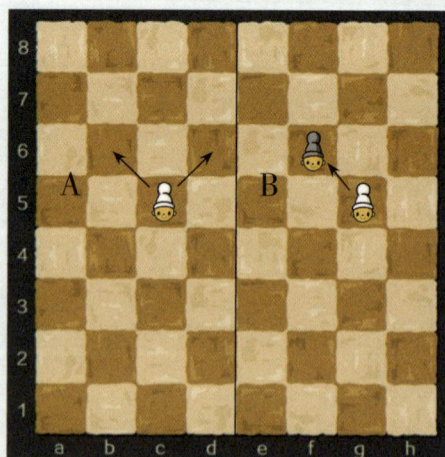

图1.4-2

念一念

小兵小兵真勇敢，一步一步往前冲。

开始一格或两格，以后只能冲一格。

遇见敌人不害怕，勇往直前不后退。

直着走棋斜着吃，冲到底线受奖励。

亲子课堂

和爸爸妈妈一起动手做一做小兵吧

材料：橡皮泥。

1. 先选一种颜色的彩泥把它揉一揉、捏一捏；

2. 团成小、中、大三个球，将最大的球轻轻按压成半球体。

3. 再将三个球如图所示从大到小依次叠放。

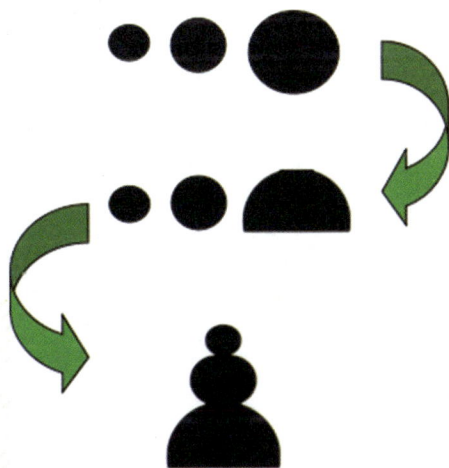

第十课

小兵向前冲

活动目标

1. 通过游戏了解小兵只能直走,不能后退的规则。
2. 乐于与同伴友好地玩,体验棋弈游戏的快乐。

活动准备

教学棋盘,幼儿棋盘(黑白方各8个兵)。

活动过程

一、游戏:小兵向前冲

1. 小朋友,今天我们班来了两位朋友。(白兵和黑兵)兵宝宝长的怎么样?(圆脑袋,白衣服,黑衣服)

2. 认识国际象棋房子。(一共有8楼)"这是兵宝宝的家,家里有几层?"

图 1.4-3

3. 小兵找家。白兵说:我的家在2楼,我住在2楼。黑兵说:我的家在7楼,我住7楼。(幼儿尝试摆放棋子)

4. 白兵说:我先走,一步一格直着往前走,不横走,不后退。

黑兵说:我也是一步一格直着往前走的,不横着走,不后退。

我走一步,你走一步,再我走一步,轮流走。(教师示范,如图1.4-3)

5. 走着走着,白兵和黑兵就碰到了,碰碰头、握握手成为好朋友。

二、幼儿对弈

两兵相遇留原地,直到所有的兵都见面。

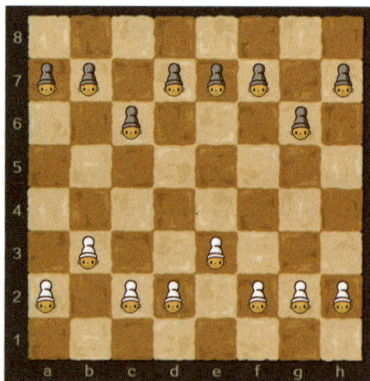

第十一课

兵的武器

活动目标

1. 通过游戏巩固兵的吃法。
2. 学习与同伴合作共同完成任务。

活动准备

大棋盘、大棋子。

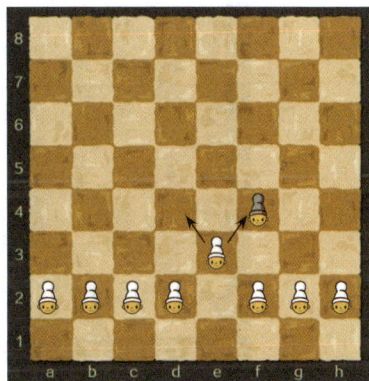

图1.4-4

活动过程

一、游戏：探险

1. 出示棋子兵和两把小刀。

小刀的功能：斜上一格刺杀敌人。（如图1.4-4），兵在e3，小刀能攻击到d4和f4的位置。

2. 兵宝宝一步一步向前去探险。突然前面出现了敌人（黑兵），怎么办？斜上一格吃掉黑兵。（兵只能吃斜上一格的兵，千万不可以后退吃哦）吃子的具体方法：拿走被吃的棋子，并占据其位置。

3. 大棋盘上摆一排的白兵，请一个幼儿上来执白兵宝宝去探险，老师拿出8个黑兵（敌人），依次出现在兵的上方，白兵逐一吃掉斜上方的黑兵。

二、幼儿对弈

一位幼儿拿白兵宝宝去探险，幼儿："白兵宝宝去探险。"往前走一步。

另一幼儿拿一篮的黑兵，取出一个黑兵放在白兵前面："敌人来了！"

白兵幼儿："啊呜一口吃掉你！"

第十二课

兵的升变

兵有一种特殊的本领——升变,兵是一位勇敢的战士,勇往直前,绝不后退,通过漫漫长征,到达底线的兵可以立刻变成自己相同颜色的后、马、车或者是象中的一个。变什么由棋手自己决定,但是所谓"一山不容二虎",不能变王,同时也不能不升变。

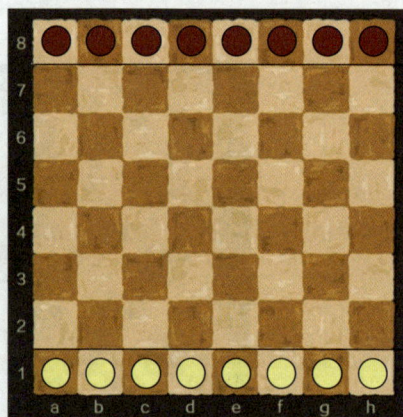

> 8线是白兵的升变格,白兵随意走到哪格都可以升变。

> 1线是黑兵的升变格,黑兵随意走到哪格都可以升变。

图 1.4-5

活动目标

1. 通过参加化装舞会的游戏,巩固兵的走法、吃法,学习兵的特殊走法——升变。

2. 发展观察的持续性。

活动准备

国际象棋大棋盘一个,音乐《挪威舞曲》,食物图片,国际象棋头饰若干。

活动过程

一、引起兴趣

国际象棋王国要举行一个化装舞会,邀请小兵参加,你们想不想参加啊？那我们来当一回小兵,去参加舞会吧！但是,晚会是在晚上举行的,现在还是白天,我们先去走一走去舞会的路。

二、复习兵的走法

1. 国际象棋的兵是怎么走的？请个别幼儿上来试一试。

从2楼出发,一格一格直着往前走,走到8楼就成功了,因为舞会在8楼开。

2. 分组请幼儿上来尝试。

请这边的小兵们上来试一试。恭喜你们,能一格一格直着往前走了。

三、兵的吃法和升变

1. 兵是怎么吃子的？

夜晚终于到了,舞会马上就要开始了,你们看,国王在我们去舞会的路上放了好多的食物呀,当食物在斜上一格里,就可以吃到它了,把它吃掉,继续前进,到达8层楼了。小兵可以参加舞会了,可以升变成后、马、象、车的任何一种。这是小兵的一种特殊本领,叫兵的升变。

2. 分组游戏。

(1)先请2个幼儿上来游戏。

重点讲解当两个小兵分别在同一幢楼的上下格的时候应该怎么办？

(2)分组游戏。

先请第一组的小兵来试一试。

(3)教师小结。

四、化装舞会

播放音乐,教师带幼儿在场地跳舞。

第五单元 UNIT 5

>> 半对局

故事：战斗练习

国际象棋王国里正在热热闹闹讨论,兵宝宝们说:"国王爷爷,我们已经学会了许多本领,能不能让我们去参加战斗!"小车开过来说:"对啊! 对呀! 我们也想出去试试!"国王爷爷笑眯眯地说:"可以啊! 虽然其他的棋子没出来,只有兵宝宝们也可以先进行对练,只要有一个兵冲到底线就算赢! 如果我出场了,那就是所有的进攻焦点,国王一旦被消灭就是战斗结束,你们可都要保护好我哦!"

于是,一场演习就这样开始了!

知识点

兵对局

对局方法:

1. 棋手各执一色棋子,双方轮流进行,初始局面（如图1.5-1）。

2. 兵的目标：到达对方的底线。

3. 两兵途中相遇，想办法吃掉对方。

4. 以一兵到达棋盘另一端底线的一方获胜。

5. 和棋：双方所有的兵均被封住，都没有棋可走，做和棋。

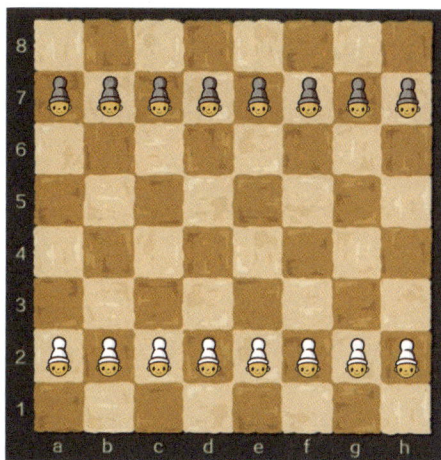

图1.5-1

兵王对局

对局方法：

1. 兵到达底线可以升变成车。

2. 吃王为胜。

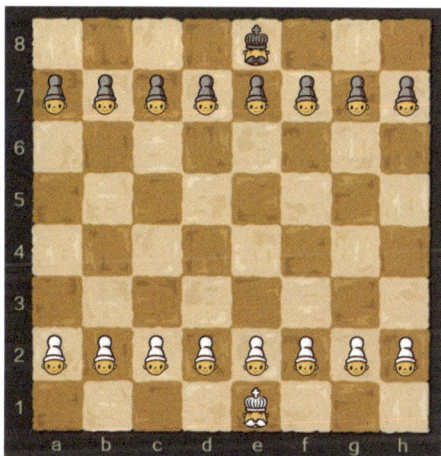

图1.5-2

车兵王对局

对局方法：

1. 兵到达底线可以升变成车。

2. 吃王为胜。

亲子课堂

和爸爸妈妈一起练一练这些对局吧！

图1.5-3

第十三课

兵的对局

活动目标

1. 初步接触完整对局,学会"兵"的吃子方法。
2. 有初步对弈规则意识,养成摸子动子、落子无悔的习惯。

活动准备

大棋盘,苹果贴纸。

活动过程

一、讲述故事,导入活动

二、区分胜负方法

1. 一个兵到达棋盘另一方底线的为胜;或吃掉对方子多的为胜。

2. 双方无子可走,为和棋。

三、老师和幼儿在大棋盘上对弈

让幼儿明确对弈及区分胜负的方

图 1.5-4

法。到达棋盘另一方底线的兵贴上苹
果,让幼儿更直观地知道到底是谁冲到了敌人的司令部,为学习兵的升变
做准备。

兵王对局

活动目标

1. 学习兵王的对弈,感受活动中的乐趣。
2. 能遵守规则:轮流走棋,吃王为胜。

活动准备

大、小棋盘。

活动过程

一、摆好兵王原始棋局

1. 提出对弈要求。

今天棋盘上,只有国王和黑白方的兵聚到了一起,他们说要正式比一比,看看哪边最厉害。国王说:"如果我出场了,就是所有进攻的焦点,国王一旦被消灭就是战斗结束,你们可都要保护好我哦!"

图 1.5-5

2. 强调规则。

兵:直走斜吃,不能后退。每步只能沿着它所在格的直线向前走一格。第一步棋时,可以选择走一格或者两格,前进的路上,遇到敌人可以向前斜一格吃子,不能后退吃子。走到底线可以升变,双方轮流进行。

3. 区分胜负。

吃王为胜利! 提示:王也是武器,可以走出来攻击敌人。

二、师、幼在大棋盘上对弈,让幼儿明确对弈及区分胜负的方法

三、幼儿对弈

第十五课

车兵王对局

活动目标

1. 在对弈中巩固车、兵的走法,体验棋弈游戏的有趣。
2. 能用兵进行升变。

活动准备

大棋盘、幼儿对弈小棋盘。

活动过程

一、激发兴趣,提出对弈的要求

黑白方的王、车、兵,今天聚到了一起,他们说要比一比,看看哪边最厉害。

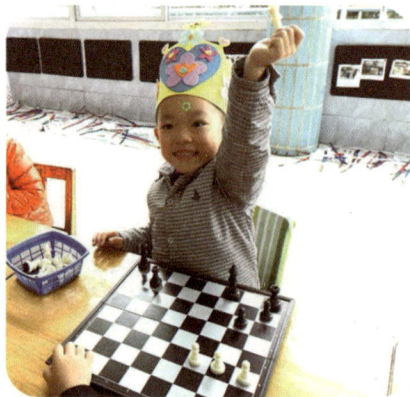

图 1.5-6

二、复习棋子走法,并提出对弈规则

1. 车:能沿所在格的竖线或横线走到任何一个空格(进退皆可,每步棋不限格数),除非其前进的路上被别的棋子挡住。

2. 兵:直走斜吃,是唯一不能后退的棋子。它也不能跨越其他的棋子,每步只能沿着它所在格的直线向前走一格。每个兵在它走第一步棋时,可以向前走一格或者两格,兵只能向前斜进一格吃子,它不能后退吃子。

兵到达棋盘另一方底线后必须升变为车。

3. 吃了对方王就获胜。

三、幼儿对弈

故事：谁的本领大

有一天，车和象在一起，听到一个小兵说："我觉得是象厉害，象能够斜着飞，车就不能啊！"听到这里象可得意了，说："是啊，我能斜着飞得很远，还可以斜吃，格数还不限呢！"可是又有一个小兵说："我是觉得车比象要厉害，车可以横冲直撞，而且攻击的距离远，可以攻击到棋盘上的任何一格，也可以移动到棋盘的任何一格，象虽然也可以远距离攻击，但是它只能斜走。""是啊，象还分白格象、黑格象，白格象只能在白格子里走，黑格象也只能在黑格子走，太局限了！"车得意地说。他们争来抢去，争论了老半天，也没有得出最终的答案，他们去找国王评理。

国王说："车是竖线横线，但是不能走斜线，象是斜线，不能走竖线和横线，你们俩各有长处,但是也各有短处,何必再争执呢,只要你们互相配合才是最厉害的!"车和象听了国王的一番话,觉得非常有道理,两人握手成了好朋友,在战场上,互相配合,经常取得胜利呢!

知识点

象的走法和吃法

象的走法也比较简单,只能斜飞,斜吃,格数不限,可以走多远没有规定,但是不能越子走棋。白格象永远不会走到黑格里去,黑格象也永远不会走到白格里去。象的吃法和走法相同,怎么走怎么吃。

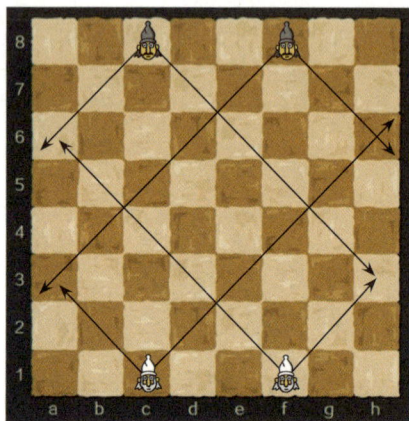

图1.6-1

念一念

象的儿歌

象的走法是斜行,
白格黑格要分清。
无论远近一步到,
眼观六路辨敌情。

图1.6-2

亲子课堂

小朋友们,果园里的果子成熟了,我们去摘些果子吧!

游戏:采果子

在每个棋格里放上果子,要求沿着斜线采果子,有些果子一步采不到,要分两步走。数一数,每人采了多少果子。

第十六课

小象铺路

活动目标

能发现、探索棋盘中的斜线,即由相邻的同色格子组成。

活动准备

大、小棋盘,圆形小吸铁石(每位幼儿20颗)。

活动过程

一、故事引题

国际象棋王国里诞生了小象,长着一对翅膀,是只会飞的小象。国王说:小象,我们棋盘里的每种棋都有和别人不一样的走法。你的走法:斜着飞! 好吗?

二、教师示范象的走法

国王告诉小象:"棋盘上格子角对角连在一起就成了一条斜线。"(教师示范用多个正方形对角连成一条斜线)象走一次。

小象高兴地在斜线上飞起来:"可以退吗? 可以停下来吗? 停在哪里呢?"(停在任意一格子中间)

"换一个方向可以吗?"

"可以,但是要休息一下。等对方走了一步,就可以换个方向飞了。"

3. 教师示范用圆形吸铁石排出一条斜线。

三、幼儿练习

每位幼儿用圆形吸铁石在小棋盘上排出各种斜线。

图 1.6-3

小象吃蛋糕

活动目标

通过游戏"吃蛋糕",掌握象的走法与吃子。

活动准备

大棋盘、吸铁石、小棋盘、瓶盖。

活动过程

一、教师在棋盘a1格摆放象、f6格摆一个大蛋糕

教师提问:"象能吃到大蛋糕吗?"个别幼儿尝试用瓶盖铺成一条斜线。改变象的位置,现在还能吃到蛋糕吗? 试试看。

二、教师在棋盘a1格摆放象、h4格摆一个大蛋糕

教师提问:"你能走两步就吃到蛋糕吗?"个别幼儿尝试用瓶盖铺成两条斜线到达蛋糕位置。幼儿练习,教师巡回指导。

总结:无论蛋糕在哪里,只要没有阻碍,同色格的小象都能两步找到它。

三、幼儿练习

每个棋格里放上瓶盖,小象沿着斜线收瓶盖,有的瓶盖一步拿不到,要分两步走。数一数,每人收了多少瓶盖。

图1.6-4

第十八课

车兵象王对局

活动目标

1. 进一步接触黑白方对弈,学会吃子,懂得吃王为胜的规则。

2. 在对弈中巩固"车""兵""象"的走法,体验棋弈游戏的有趣。

活动准备

大棋盘、幼儿对弈小棋盘。

活动过程

一、复习棋子走法

1. 车:能沿所在格的竖线或横线走到任何一个空格(进退皆可,每步棋不限格数),除非其前进的路上被别的棋子挡住。

2. 象:象永远沿着同色格斜线进退。黑格象永远在黑格中走,白格象永远在白格中走。(途中不能转弯)

3. 兵:直走斜吃,是唯一不能后退的棋子。它也不能跨越其他的棋子,每步只能沿着它所在格的直线向前走一格。每个兵在它走第一步棋时,可以向前走一格或者两格,兵只能向前斜进一格吃子,它不能后退吃子。

4. 兵到达棋盘对方底线后必须升变为车或象中的一种,此后对局继续进行。

二、摆上车、兵、象、王,原始棋局

对局规则:

1. 吃王获胜。

2. 和棋。互相胜不了对方。

三、幼儿对弈

≫ 威风的后和马

故事：王后拜师

车象马几次带兵去打仗，可不知为什么，屡战屡败。这时候，在军帐中的王后说："这可不行啊，帐中元帅都已经出动，可是几次都没能打胜仗，再这样下去，我们的军队非灭亡了不可。这样好了，车元帅、象元帅，今天我就向你们二位拜师学艺，从今往后，我们就一起出去打仗。"将士们一齐呼喊："好！好！好！"车说："我可以横着走，也可以竖着走，走的远近格数都不限。可以一次走一格，也可以选择一次走到棋盘上相同直线的另一头，一步棋应该走多远没有规定，要根据棋局的具体需要而定。别人都说我走路是横冲直撞。"象说："我的走法也比较简单，只能斜飞，斜吃，格数不限，但是不能越子走棋。"

从这以后，后学会了车和象的走法，一齐加入了作战的队伍中。

知识点

后的走法

俗话说:巾帼不让须眉,后是国际象棋中最厉害的棋子,可以走竖线、横线、斜线,而且格数不限,想走哪里就走哪里,但不能拐弯,不能越子。

后的吃法

后的吃法和走法一致,横、竖、斜都是她的控制范围,敌人进入就会被后消灭。

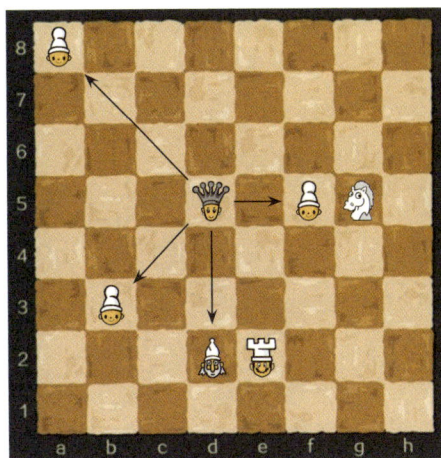

图 1.7-1

念一念

后的儿歌

黑白王国谁最大?王后本领顶呱呱。
四面八方随意走,谁都很难阻挡她。

后可以选择吃兵、象,不能吃车,因为后不能拐弯,也不能吃马,因为后不能越子。

亲子课堂

妈妈把黑棋子任意摆放,孩子用白后把黑棋全部吃掉。互换黑白方试一试。

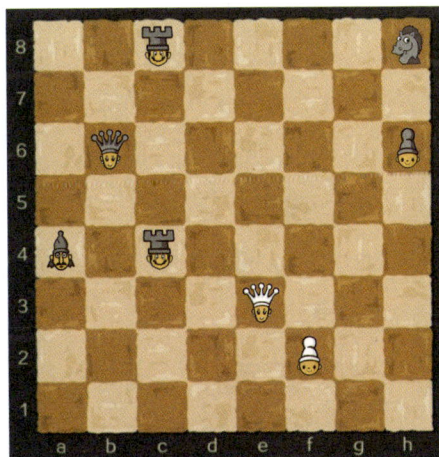

图 1.7-2

第十九课

能干的后

活动目标

1. 学习"后"的走法和吃子方法。
2. 发展推理和分析能力,能发现棋子间的关联。

活动准备

大棋盘、棋谱。

活动过程

一、讲述故事"王后拜师"

二、学习后的走法与吃子

后走横线、竖线、斜线,格数不限,不能越子走棋。走到哪,吃到哪。

三、学习儿歌:王后

黑白王国谁最大?

王后本领顶呱呱。

四面八方随意走,

谁都很难阻挡她。

四、做一做

把白后一步能吃到的棋子找出来,并画出吃子路线。

五、幼儿练习

每个棋格里放满瓶盖,黑后和白后轮流收瓶盖。

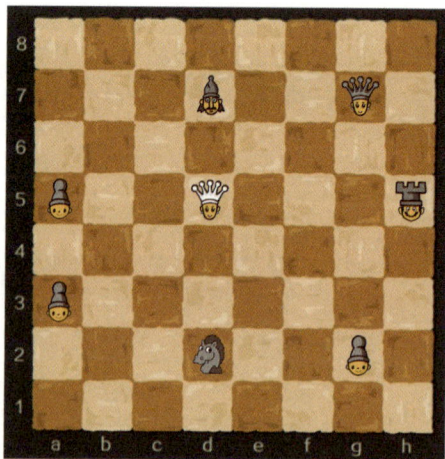

图 1.7-3

第二十课

威风八面的马

知识点

马的走法有多种讲解方法：①先横走或竖走一格，再沿前进方向斜走一格。也就是说一竖一斜，或者一横一斜。②先横走或竖走两格，再竖走或横走一格，像数字"7"。可以越子走棋，而且没有马脚。

当马在中间时，可以跳八个格子，所以是威风八面的马。

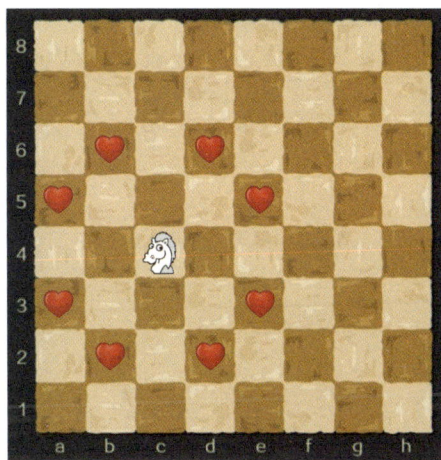

图 1.7-4

活动目标

1. 通过实物的摆放，初步感知"马"的基本走法。
2. 体验棋弈游戏的有趣性。

活动准备

棋盘、棋子、标记图。

活动过程

一、故事引入

小马出门去玩，跑呀跑呀，走到了一个四处都是陷阱的地方，这可怎么办呢？小马急得直想哭。突然，它想到了妈妈对它说的话。妈妈说："如果你有一天走到了一个四处都是陷阱的地方，你就要先找到上下左右的四个陷阱,陷阱的斜对面就是安全的地方。你只要跳到安全的地方,就能在那里休息,也能找到你要的食物。"

二、寻找陷阱和安全地方

教师出示大棋盘,请幼儿找一找上下左右的四个陷阱,并用圆圈标出记号。

再找出陷阱对面的8个安全地方,并标上不同的记号,让幼儿清晰分辨。

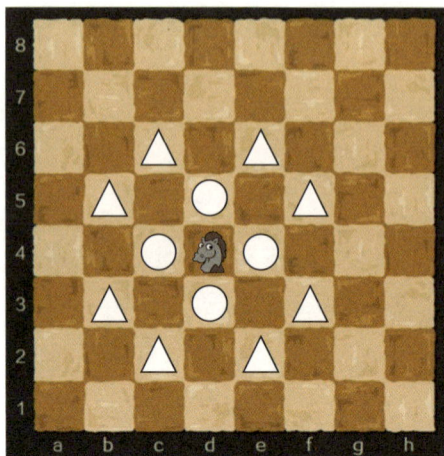

图1.7-5

三、幼儿操作

教师提供幼儿两种不同的记号,幼儿在小棋盘上找出陷阱和安全地方。

完成作业:教师给幼儿提供一张图片,让幼儿用笔画出陷阱和安全地方。

亲子课堂

游戏:小马周游世界

幼儿走马,每次走一步,妈妈就在马走过的格子里贴上马蹄印,走一步,贴一次,看看能否贴满整副棋盘。

图1.7-6

故事：直击国王

战争已经接近尾声，眼看白方就要获胜，白车自告奋勇地说："大王，让我去捉黑王吧！"白王大呼："车大臣，出发，直击黑王！"白车马上出动，直击黑王要害，大声喊：将军！下一步就要消灭黑王了。黑王这下慌了神，直呼："怎么办？快想想办法消将，保护我的安全啊！"一个黑兵说："大王，旁边还有个营地，要不你到那里去躲躲。"黑后说："大王，让我来消灭它。"黑象说："大王，让我来替你挡一下。"黑王这才缓过神来，幸亏还有一帮大臣们能替他出主意，最终逃过此劫。

知识点

将　军

下国际象棋与古代打仗很像，胜负在于谁先将死对方的王，只要把对方的国王抓住，就能取得整个战役的胜利。因此可以说，将死对方的王是一局棋的最终目的。

将军指的是一方的某个棋子正在威胁叫吃对方的王，我们会说受到攻击威胁的王正被将军。在棋谱中，如果在记录一步棋后写上"+"号，就表示这步棋走了之后，能将军对方的王。(如图1.8-1)，白车d8+(将军)。

应将:保护王不被攻击，就是应将。

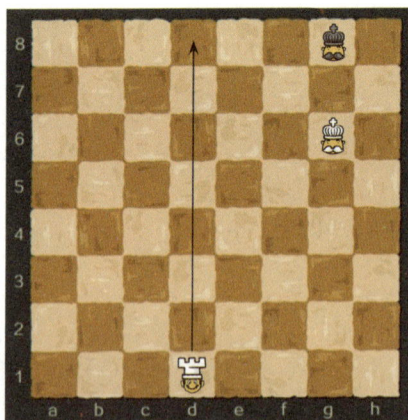

图 1.8-1

亲子课堂

谁的眼睛亮？

白后正在将军，怎么办？
和爸爸妈妈一起看一看
黑方哪种应将的方法更好？

▶

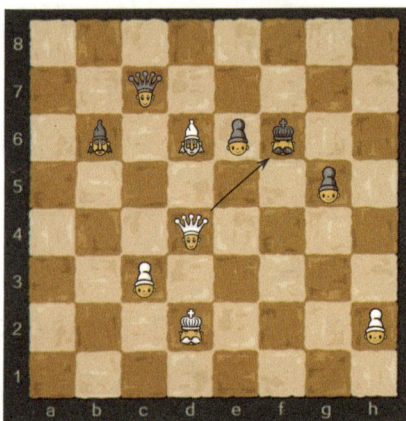

图 1.8-2

找找看，哪幅图能一步将死，哪幅图能应将？

▼

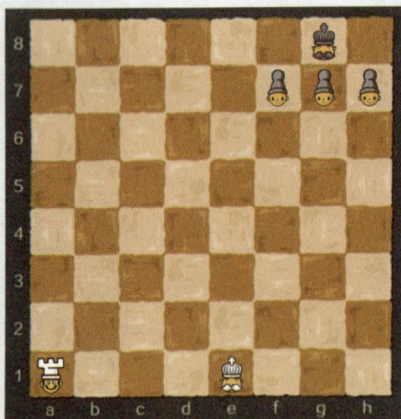

图 1.8-3

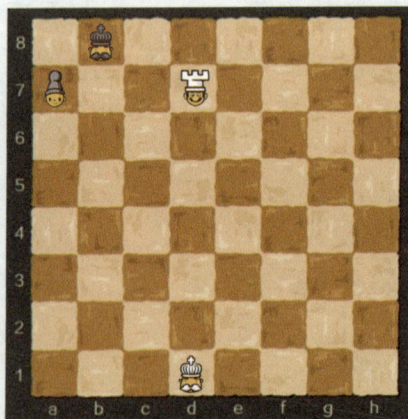

图 1.8-4

第二十一课

怎么应将

活动目标

1. 了解将军和应将的含义以及应将的一些方法,并能根据不同棋局,选择最合适的应将方法。

2. 发展分析、比较、判断的能力。

活动准备

大棋盘预先设置不同的残局

活动过程

一、讲述故事"直击国王"

小朋友,我们一起看看大臣们是怎么帮助国王逃过劫难的。

二、了解应将的含义

下一步就要消灭王了,叫将军,保护王不被攻击,就是应将。

应将的方法有三种:逃王、消将、垫将。

逃王:将王转移到对方棋子的火力攻击威胁之外。

象来将军,王可以逃到哪些安全位置呢?(图1.8-5)

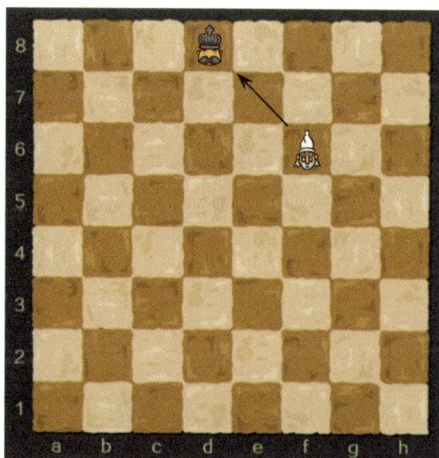

图 1.8-5

消将：消灭对方正在将军的那个棋子。

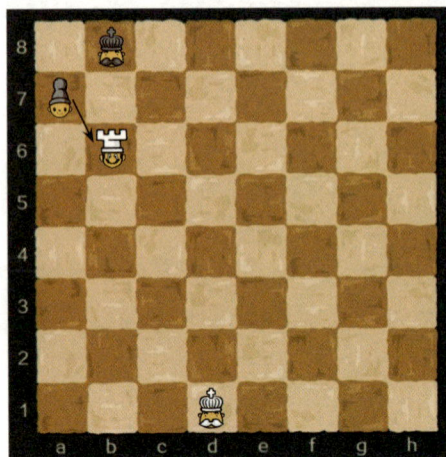

白方的车到b6将军，但处于黑方a7小兵的防守范围，a7的小兵就可以吃掉车，消除将军的威胁。(图1.8-6)

图1.8-6

垫将（挡将）：用己方另外一个棋子放置在对方发挥将军作用的棋子和自己的王中间。

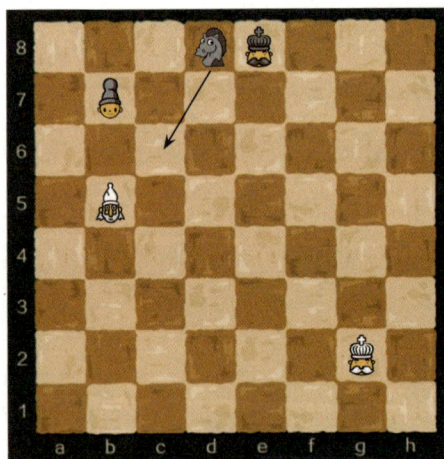

白象b5将军黑王，此时正好黑马站在旁边，可以跳到c6挡住白象的攻击线，保护黑王的安全。(图1.8-7)

图1.8-7

三、幼儿练习完整对弈

1. 对方违例（一方将军时，对方不应将）两次，是赢棋。
2. 将死（一方将军时，对方无法应将）对方的王，是赢棋。

第二十二课

认识格位

国际象棋棋盘有64格,等同于64个房间,每个房间都有自己的门牌,a幢楼的一层就叫a1,二层楼就叫a2,……,以此类推,h楼的8层就叫h8。

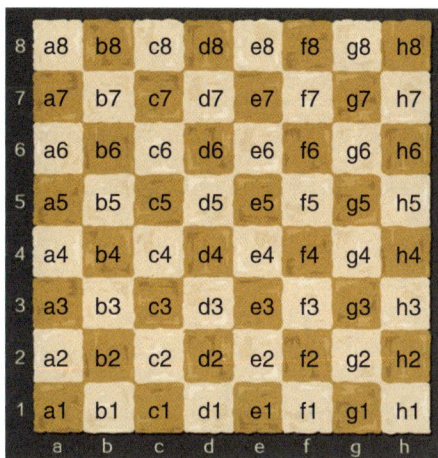

图 1.8-8

教案:拯救国王

活动目标

1. 在反复游戏中认识国际象棋棋盘中的二维坐标格位。
2. 愿意参加游戏活动,能根据格位记录坐标地址,体验成功的快乐。

活动准备

坐标图、卡片、操作纸、大棋盘。

活动过程

一、熟悉字母数字,尝试了解行列

1. 我们来到国际象棋王国,你们发现了什么? 谁知道棋盘里的标注表示什么意思?

教师总结:a就是a列,它有几格小房间?

2. 游戏"看谁站得快"

幼儿在地垫上练习行列占位。教师出示卡片a："下面我们来玩'看谁站得快'的游戏。老师出示a，你们就迅速站到a列的位置，起立给你一秒钟思考，行动！"

二、玩一玩，练习二维坐标格点

1. 找房间

教师出示卡片a2，问"这又是表示什么意思呢？"

教师总结："当行和列组合起来就表示一个房间。这是房间a2。谁能找到a2？"请一个幼儿找a2房间，采访一下："你是怎么找到的？"

图1.8-9

学习动作：前面对齐字母a，后面对齐数字2。原来又对着a，又对着2才是我要找的房间。

（1）现在老师请女孩子，请起立！老师出示b2，女孩子占位b2，男孩子看她们站得对不对？

（2）男孩子占位a1，女孩子检查。

（3）集体占位。每人一张格位卡片。（拿到图纸，请你先看一看你的房间在哪里）

4. 救白王

（1）出示大型棋子白王，在c2。这是白王，它住在哪个房间？国王是一格一格走的，它又走到哪里？

（2）突然来了敌后把白王将住了。白王怎么办？

（示范操作）我们把它走的路线记录下来。

（3）黑后控制不住白王，请来了援兵。那现在又该怎么办？

（示范操作）我们把它走的路线记录下来。

三、贴一贴，尝试进行坐标记录

白王以前还遇到过很多的困难，你们能再帮助它一下吗？请你们把营救白王的线路图贴一贴。

双车杀王

故事：警察抓小偷

警察局接到报案，一名盗贼（黑王）藏在一栋8层楼的楼内，两名警察（白车）立即出动，锁上一楼的大门，逐层寻找，发现盗贼在第5层，当他们一起来到5层楼准备捉拿时，突然盗

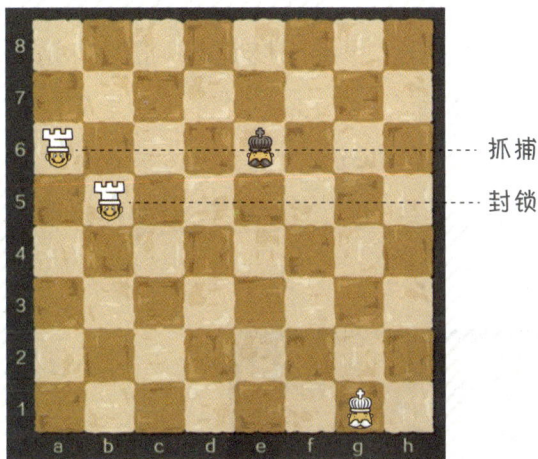

图 1.8-10

贼拔出匕首，又逃到了6层楼，好危险啊！不能靠得太近，两名警察决定改变方法，一人守一人捉，轮流把盗贼逼到8层楼或1层楼。盗贼现在在6层楼，往8层楼逼会更快，于是一名警察留在5层楼，挡住他往下逃的路，一名警察上6层楼，拔出手枪与盗贼保持一定的距离，盗贼只能往7层楼跑，为了不让盗贼逃走，6层楼的警察守着，不让盗贼往下逃，5层楼的警察追到7层楼，盗贼只能继续往8层楼逃。接着轮到6层楼的警察往上追了，追到8层楼，拿着手枪对着盗贼。此时，盗贼已经无处可逃，只好束手就擒。

两个车一个负责封锁道路,一个负责抓捕。把单王往边线上逼,逼到无路可逃再进行抓捕,这种战术就叫双车杀王。

注意点是将进攻目标——王牢牢围困住,也就是说要最大限度地缩小王的活动范围,然后运子将杀。在逼迫对方的王以及在将杀的过程中,白方需要多个棋子协同行动,先封锁,再抓王,不要一味追赶,把对方逼到无子可动局面(如图1.8-12,轮黑方走),就形成了逼和,这对于白方来说是很吃亏的。还要注意:车在交错控制路线时,一定要保护自己的安全,要远离单王,千万不要被单王反抓。

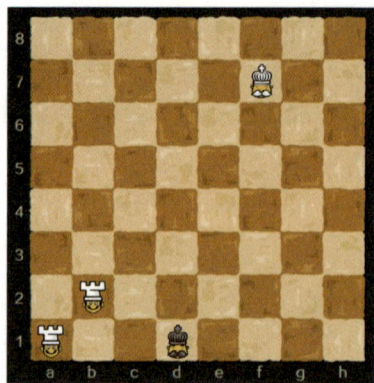

图1.8-11

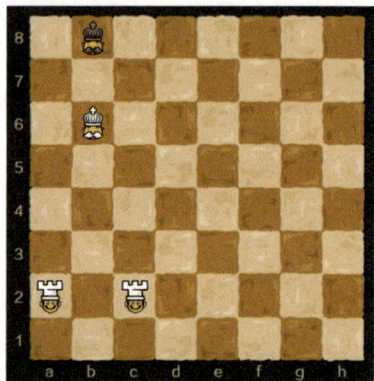

图1.8-12

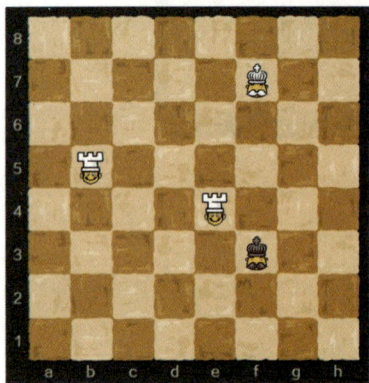

图1.8-13

现在白方走棋,能走车b5-b3+吗?为什么?(如图1.8-13)

教案:双车杀王

1. 学习双车杀王的基本技巧,能用一定的方法验证自己的思考。
2. 发挥逻辑思维能力,体会双车配合杀王的成功感。

活动准备

PPT、箭头卡片、数字贴纸1和2、国际象棋若干。

活动过程

一、以故事形式引出

天黑了,趁着大家都睡着的时候一个小偷溜进了棋盘小区,看看是谁? (黑王)

1. 还记得王是怎么走路的吗? 接到报案,警长派出两位警察(双车)抓小偷(黑王)。

2. 谁来说说车是怎么走路的(回忆车的走法)。

二、小棋盘操作,幼儿初步尝试双车抓王

1. 如果让你来当警察,你会怎么来抓小偷?

2. 两两一组初步尝试怎么用两个车去抓王,教师记录发现的问题。

三、PPT结合大棋盘操作,讲解双车杀王的基本技巧

1. 请幼儿讲讲抓小偷遇到的问题。

2. PPT演示双车杀王的过程。

警察发现黑色坏蛋在横6路,用什么方法去捉黑色坏蛋呢?

3. 交流讨论后小结:两位警察相互合作,一个负责封锁道路,一个负责抓捕。把坏蛋往底线上逼,把坏蛋逼到无路可逃再进行抓捕,这种战术就叫双车杀王。

图 1.8-14

四、再次两两对弈,教师进行观察引导

1. 总结幼儿对弈,提出当小偷要来抓警察的时候怎么办?

2. 幼儿交流他们想到的办法,回去尝试,在下节课中再提升。

>> **经典对局**

故事：大战海盗王

　　蓝色的大海上有一艘轮船正停靠在孤岛边休息。突然，出现了很多的海盗，海盗王不仅想要盗走钱财，还想将船长和船员们杀死。这时，他看到船长和船员们正在下棋，海盗王也非常喜欢下棋，便说："我和你们的船长比一盘棋，如果我赢了，所有的人和金银珠宝都得归我。"船长问："那你要是输了呢？"自高自大的海盗王听了很生气地说："要是输了，什么都不要，我放你们走！"

　　紧张的比赛开始了。船长为白方，海盗王为黑方。当海盗王走完第四步棋时，船长想了很久很久都没有走棋。海盗王笑着说："怎么？这么早就想认输？"船长又想了很久，将保护后的马调走了。海盗王睁大眼睛看着棋盘，大笑起来："哈哈，想了半天就想出这步棋？

简直就是送死!"说着便毫不犹豫地拿起自己的象将后给吃了。海员们都发出了阵阵叹息。这时,船长便不慌不忙地用白格象将军,海盗王在既不能消将又不能挡将的情况下,只能将王走到剩下的一格里,船长跳马把他将死了。海盗王输了!他履行了诺言,离开了这艘充满智慧的轮船。

知识点

经典对局——大战海盗王

"大战海盗王"是一局完整棋局的欣赏,在开局阶段就将杀对方,其重点在于白方的弃后杀王手段,让幼儿认识到下棋不能贪吃对方棋子,否则会失王的道理;同时也说明了开局的重要性。

具体步骤:

1. e4   e5

2. 马f3   马c6

3. 象c4   d6

4. 马c3   象g4

5. 马xe5   象xd1

6. 象xf7+   王e7

7. 马d5#   白胜。

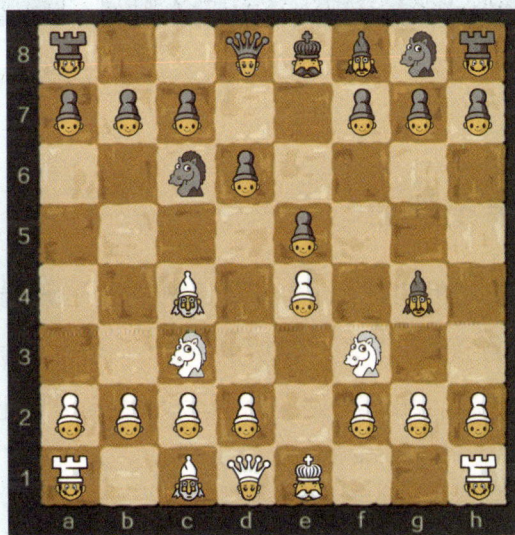

图 1.9-1

"飞象开局"在开局阶段四步就将杀对方的王,关键点在于白方用后、象配合攻击黑方f7兵,用了贴身杀王方法,很快就赢了黑方。

具体步骤:

1. e4　e5　　　　　　　　　2. 象c4　象c5

3. 后h5　马f6(图1.9-2)　　4. 后f7#　白胜(图1.9-3)

想一想,为什么黑王无法消将呢?

图1.9-2　　　　　　　　　　图1.9-3

亲子课堂

一局棋的开始,首先要接触的就是开局,开局是每一位棋手的必修课,俗话说:好的开端是成功的一半。国际象棋的开局方法很多,其中的变化浩如烟海。和爸爸妈妈一起学习经典开局吧!

飞象开局

活动目标

1. 知道在初始位置时,弱兵是需要重点保护的。
2. 初步懂得利用棋子间的相互配合,防止对方开局杀王。

活动准备

大小棋盘。

活动过程

一、故事引题

在国际象棋城堡中,有一排小兵在护城,每一个小兵都有大人在后面保护,看看,每个兵都有谁在后面保护呢?

二、什么是弱兵

1. 保护白棋八个小兵的棋子分别是(从左到右)

第一个车,第二个象,第三个后,第四个马、象、后、王,第五个后、王、马、象,第六个(弱兵)王,第七个象,第八个车。

2. 知道什么是弱兵。在起始位置上的兵中,有一个兵只能得到国王的保护,所以这个兵是需要重点保护的兵,也叫"弱兵"。

三、利用弱兵位置杀王

1. 教帅示范飞象开局:白方用后、象配合攻击黑方f7的弱兵,制造四步杀王。

(1)e4　e5

(2)象c4　象c5

(3)后h5　马f6

(4)后f7#

四、幼儿两两对弈,学习使用飞象开局

图1.9-4

第二十五课

飞象开局的破解

活动目标

1. 了解飞象开局的方法,尝试运用多种方法破解飞象开局。
2. 学习推理、分析,了解破解飞象开局最恰当的方法。

活动准备

大小棋盘。

活动过程

一、复习飞象开局,白方制造四步杀王

1. e4 e5 2. 象c4 象c5 3. 后h5 马f6 4. 后f7#

二、破解飞象开局

1. 思考:白方走出第三步后,准备攻击f7的弱兵,此时黑方可以如何防御?

2. 幼儿讨论出方法,教师进行记录:

(1)g7兵走g6位,目的:攻击白后,保护弱兵;

(2)g8的马走f6位,攻击白后;

(3)g8的马走h6位,保护弱兵;

(4)d8的后走e7位,保护弱兵及中心兵;

(5)d8的后走f6位,保护弱兵及中心兵,同时反攻白方f2的弱兵。

3. 集体验证方法是否可行

（1）①后 h5　g6　②后×e5+　王 f8　③后×h8（后接着可以连吃黑方王翼棋子,基本上棋子会被吃光）

（2）①后 h5　马 f6　②后 f7#（此时走马已经来不及阻止白后的进攻）

（3）①后 h5　马 h6　②后×e5+（此时黑方如果挡将的话,白后进攻 g7 兵捉双,控制黑方王翼棋子,如果黑方逃王的话,失去中心位置）

（4）第四种方法和第五种方法基本相同,运用黑后来保护弱兵和中心兵,使白后无法进攻,然而,第五种方法,黑方在保护自己的同时还反攻白方弱兵。

从上验证可以看出,第五种方法是最恰当的。

幼儿两两对弈,学习灵活运用飞象开局及破解。

第二十六课

比赛常识

活动目标

1. 了解国际象棋比赛常识。
2. 开展班级赛活动。

活动准备

比赛编排软件、棋具。

活动过程

一、比赛常用规则

1. 摸子动子：摸到了自己的哪个棋子，就得动哪个棋子，摸到了别人哪个棋子，就得吃哪个棋子。假如只是想摆正，得声明在先。

2. 落子无悔：走子后手已离开棋子，若再要移动这个棋子的位置，就只能等下一步了。

3. 二次违例判输：当自己走完一步棋之后，对方直接可以吃掉自己的王，但并不是将死时，自己应把刚才一步棋退回，重新走一步棋，这时记作违例一次，如此累计二次判输。(如图

图 1.9-5

1.9-5），白象将军，若黑象吃白后，则黑方违例一次。且黑方应退回，重新应将。

4. 提和规则：在己方处于优势的情况下，应不同意和棋；在自己处于弱势和匀势的情况下可以提出或同意和棋。提和是对弈者自由选择的一种权力。

二、开展班级赛活动

使用瑞士制编排方法，每个幼儿都参加比赛。

图 1.9-6

对局礼仪

对局时，棋手的临场表现最能体现他的礼仪修养水平。下棋时，要坐姿端正保持安静，不做与下棋无关的事情。修养差的棋手会存在频繁摇晃身躯，不时起立走动，把棋局优劣形势都挂在脸上等行为。嘴巴中喃喃自语、搔首摸耳、小动作不断等不良习惯，这些行为令人反感，应该予以克服和改正。"琴棋书画"是中国古人用来修身养性的"功课"，下棋对于小朋友来说虽然只是一种智力游戏，但是我们要以高水平的棋手标准要求自己，做到举止端正，体现出良好的修养水准。

图 1.9-7

>> 握手言和

故事：握手言和

国际象棋王国中，白棋和黑棋经常玩打仗，有的时候白方胜，有的时候黑方胜，有的时候谁也赢不了谁，你瞧：白方只剩下王，黑方剩下王和一白格象。黑王非常开心："哈哈，我比你多，肯定我赢！"接着，象就追着白王跑，一心想把白王将死，可它在白房间，王就躲在黑房间，怎么也捉不住。黑王想去帮忙，却发现不管怎么帮都不行。在旁边观战的小动物们实在忍不住了，说："大家都赢不了，干脆握手言和吧！"白王和黑王一听，好主意，和就和吧！于是，他们决定和棋，同时还定下很多和棋的规定，让国际象棋打仗的游戏更加有趣了！

知识点

长将和棋

一方连续不断地将军，而另一方无法避开对方连续将军。这种局面发生时，按规定为和棋。

（如图 1.10-1）棋局中，黑方比白方多一车，明显占优势，白方想要获胜很难，这时白方先将黑王，接下来的几步棋将会是：1. …王h7 2. 后h5+ 王g8 3. 后e8+ 王h7 4. 后h5+，白后紧紧追黑王，黑王无法逃出白后将军，对局和棋。

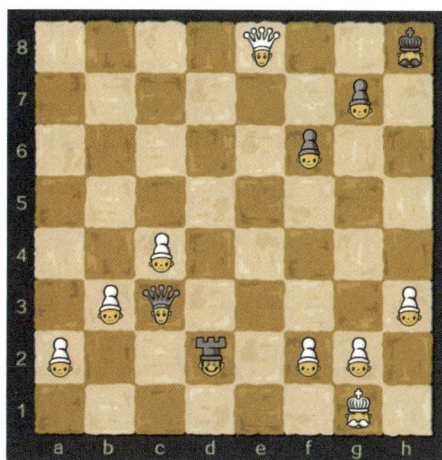

图 1.10-1

理论和棋

无论双方怎么走，都无法将杀对方的王。局面有以下几种：

1. 单王：单王

2. 单王：王、一马

3. 单王：王、一象

4. 单王：王、双马

5. 王、一象：王、和对方相同颜色格的象

6. 王、一象：王、一马

逼和

当轮到一方走棋时，王没有被对方将军，又无路可走，同时棋盘上又没有任何自己的棋子可以走动，形成无子可走的局面。

（如图 1.10-2）中，轮到黑方走子，黑方兵无法走动，可黑王如果不动就安全，只要一走动就送吃，而把王送吃是一种不符合棋规的走法，因此黑方无子可动，成为和棋。

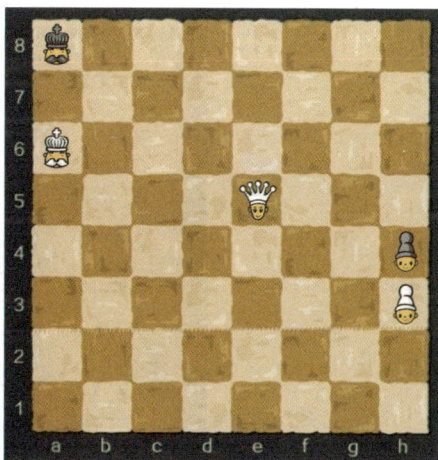

图 1.10-2

建议和棋

一方在自己走出一着之后向另一方提议和棋，另一方同意，即为双方

同意和棋。如果另一方口头拒绝或走出一着表示不同意,对局将继续进行。一方提和不能连续两次以上,而应双方交替提和,即一方提和被拒绝后,要等到另一方提和后才能再次提和。

三次重复局面和棋

当一方相同的棋子布局在棋盘上出现三次或以上,棋手在轮到走棋时可以向对手提出和棋,如果对手不同意也可以向裁判提出和棋。

50回合自然招法和棋

在连续50回合中,双方没有走动任何一个兵,也没有交换过(吃过)任何一个子,此时一方可以提出和棋,由裁判审查。需要注意的是,这种和棋需提供棋局记录证明。因此不适用于还不会记谱的小朋友。

亲子课堂

爸爸妈妈们,(如图1.10-3)中,轮到白方走,你能运用长将的方法取得和棋吗?请写下具体走法,并让孩子也试试吧!

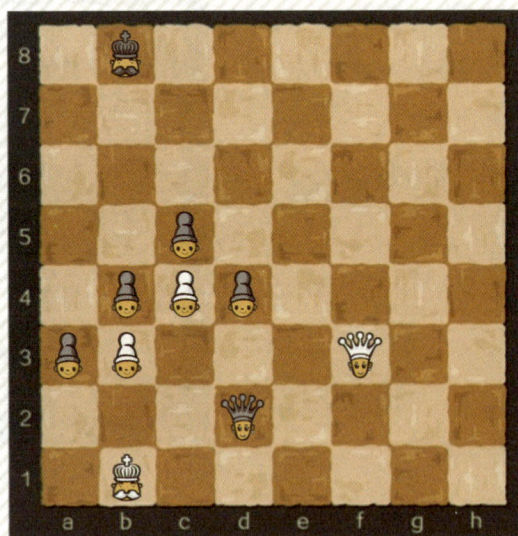

图1.10-3

第二十七课

什么是和棋

活动目标

1. 了解和棋的类型。

2. 愿意和同伴一起大胆探索未知的结果。

活动准备

大、小棋盘、动物图片。

活动过程

一、讲述"握手言和"

二、了解和棋类型

1. **理论和棋**：棋盘上剩下的棋子都将不死对方的王。

2. **长将和棋**：一方连续不断地将军,而另一方却无法避开将军。

3. **双方同意和**：在下棋时,一方提出和棋,另一方同意,就算和棋。

4. **逼和**：一方王没有被将军的情况下无子可走,形成无子可动局面。

三、出示棋局

（如图 1.10-4）中,黑方留下一马,白方留下一兵,这回他们会有怎样的结果呢？请小朋友们试一试。

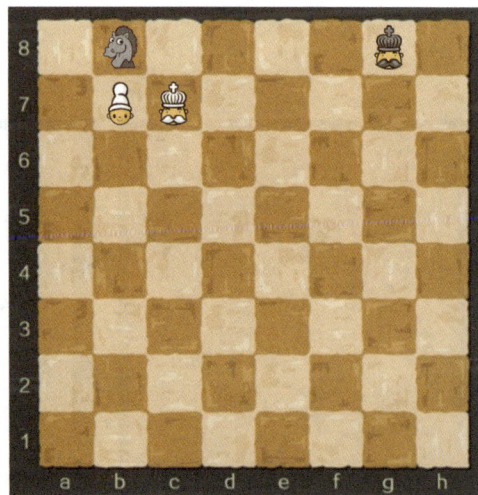

图 1.10-4

逼和局面

故事：白后大战黑王

　　黑白双方大战，伤亡惨重，白方剩下一王一后，黑方剩下单王，白后说："哈哈，这下看你往哪逃，我一定抓住你。"说着就去抓王，可是白后抓，黑王逃，怎么也抓不住。看着白后累得满头大汗，白王说："我来帮助你，你先用横马步把黑王赶到边线。"白后听了王的建议，用横马步封锁住黑王去路（图1.10-5），一步步把黑王赶到边线，眼看白后已经黑王逼到边角格，白王、白后同时和黑王形成马步，糟糕，黑方无子可动，逼和了！（图1.10-6）

糟糕，黑方无子可动，逼和了！

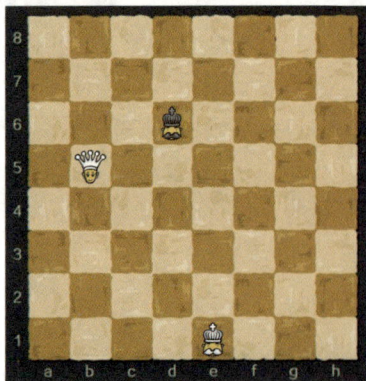

图1.10-5

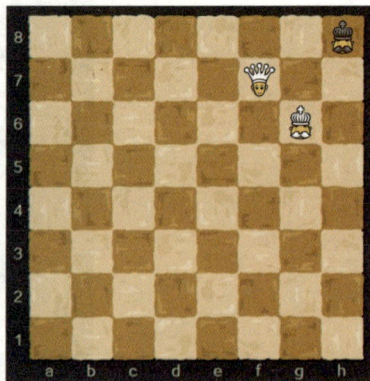

图1.10-6

第二次，白后汲取教训，远远站着，封锁着黑王的路，同时也给黑王一定的活动范围。这时，白王也赶过来，走到黑王面前站成马步（图1.10-7），当黑王被逼与白王面对面（对王）时，白后成功将军，取得战斗的胜利（图1.10-8）。当黑王走到h8时，白后到g7将军也能获胜。

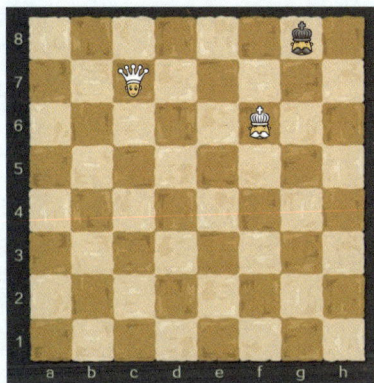
图 1.10-7

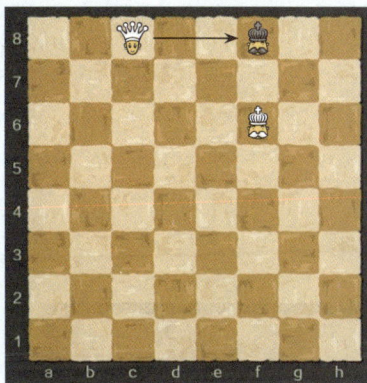
图 1.10-8

教案：单后杀王

活动目标

1. 学习单后杀王的方法。
2. 发展幼儿观察的目的性和思维的独立性。

活动准备

教学棋盘和幼儿棋盘。

活动过程

一、讲述故事"单后杀王"

二、逼和局面

逼和：当轮到一方走棋时，没有被将军，又无路可走，同时棋盘上又没有任何自己的棋子可以走动，形成无子可走的局面，就是和棋。

单后杀单王的时候要注意：

1. 后、王配合限制对方王的活动空间；

2. 将对方的王逼到棋盘边角格，这时一定要小心，王、后不能同时和对方单王成马步，会形成逼和（如图1.10-6）；

3. 当对方单王与王面对面（对王）时，后马上打将。

4. 赢棋步骤中很重要的一环："等待"的着法，等待既可让弱方有一定的活动范围，又可以使自己的棋子顺利到位，将杀一举成功。

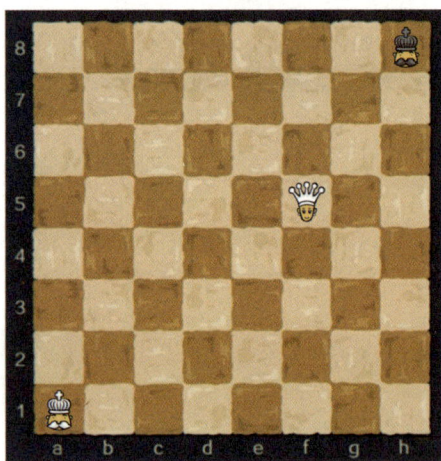

图 1.10-9

> 左图中，后要做的就是等待，不可再逼近黑王，等自己的王过来，配合杀王。

> 右图中，王要等待，因为他已经和黑王成马步了，要等黑王和他对王，后马上打将。

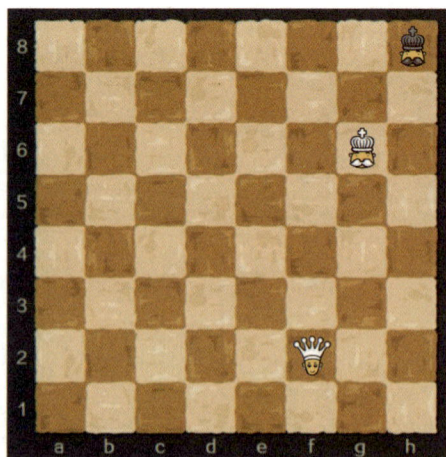

图 1.10-10

三、动动小脑筋

1. 在图中，白棋走到哪一格就造成逼和？

2. 什么情况下可以提出和棋？

3. 在自己局面优势的情况下，对方提出和棋，你同意吗？

亲子课堂

白方先走，同一棋局，请小朋友们和爸爸妈妈分别当一次白方，记录下每一方完成杀王的步数，看看谁能用更少的时间取胜。

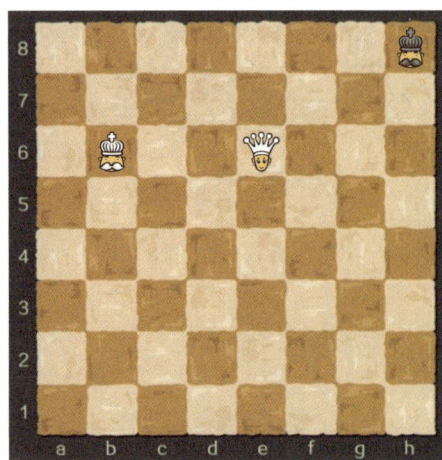

图 1.10-11

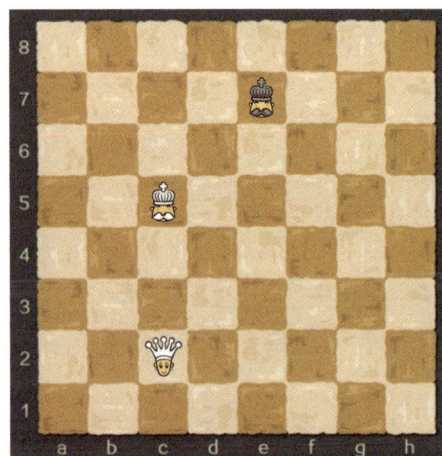

图 1.10-13

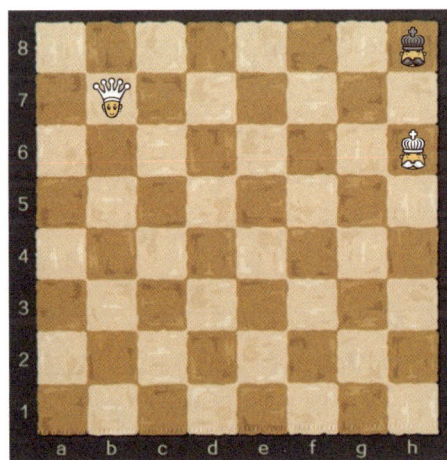

图 1.10-12

▲

试试看，你会单后杀王吗？小心不要逼和哦！

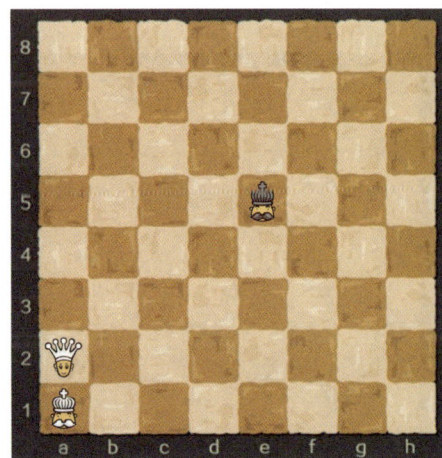

图 1.10-14

其他规则

活动目标

1. 理解王车易位和吃过路兵的特殊规则。
2. 尝试在对弈中运用两种特殊规则。

活动准备

棋盘、棋子。

活动过程

一、王车易位

国际象棋中除了胜、负、和规则外,还有两个特殊规则你知道吗? 那是王车易位和吃过路兵。

1. 长易位:易位时王向后翼移动,称为长距离易位也可简称长易位。

2. 短易位:易位时王向王翼移动,称为短距离易位也可简称短易位。

图 1.10-15

每次打仗王、车都有一次易位的机会,但同时还是有条件,要符合下面五个条件王车才能易位,否则就是犯规。

1. 王和参与易位的车没有走动过;

2. 王和车中间没有任何棋子;

3. 王车易位时,王所经过的格没有受到对方棋子的攻击;

4. 王车易位时,王所到达的格没有受到对方棋子的攻击;

5. 王没有被将军。

王车易位时,要先移动王再移动车。不管长易位还是短易位,王都是向车方向移动两格,车越过王,站在王的身边格保护王。

王车易位的优势:1. 让王躲到角落,处于安全位置;2. 尽快把车调出来投出战斗,并保护王。所以我们在开局原理中有一条:早易位。

二、吃过路兵

首先,我们先把棋盘分两半,1、2、3、4横排属于白方阵营,5、6、7、8横排属于黑方阵营,当小兵刚冲到对方阵营中后,如白兵走到5横排,黑兵走到4横排时,就可以管住对方在初始位置上相邻两条线上的兵。当对方初始位置上的兵第一次冲两格的时候,它就可以按照兵第一次冲一格时吃子的方法,吃掉对方的兵,这就叫"吃过路兵"。不过,如果要吃,必须马上吃掉,否则下一步就不能吃了。当然,也可以根据局势不吃对方的兵。

三、幼儿练习王车易位

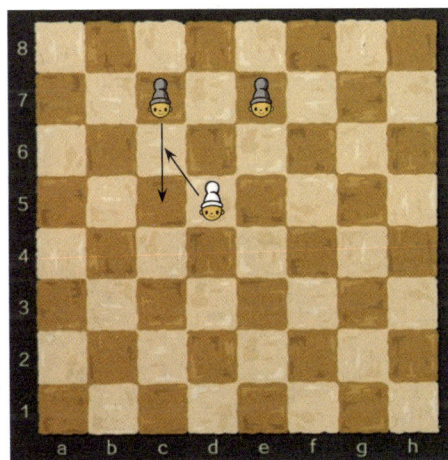

图1.10-16

图1.10-16中,d线白兵走到5横排,刚进入黑方阵营,这时它就能管住c、e两条线上的小兵,这两个小兵走一步会被吃,如果直接冲两步,也走到5横排的话,白兵同样可以把它吃掉,如黑兵c7-c5,白兵可以横着吃掉它,并按照正常斜吃的规则走到c6格。

小兵刚进入敌方阵营,敌人还没发现它,所以一冲出来小兵就很容易被它吃掉。当然,如果小兵这时不吃敌人的话,敌人有了准备,就不能吃了。注意点:吃过路兵,只针对兵和兵之间。

对教师的建议

1. 走国际象棋最终目的是将死对方的王，因此教师要注意培养幼儿杀王的意识。建议教师多让幼儿实际操作、对弈，使幼儿从理论基础转化为实践对弈，帮助幼儿逐步提高棋弈水平。

图 1.10-17

2. 教师在指导对弈时，形式可以多样，如大带小：棋艺高的幼儿充当"小老师"指导小伙伴，这样不仅让"小老师"体验成功、发现不足，成为进步的动力、发挥榜样作用，也使"小徒弟"压力减轻、增加兴趣。

3. 教师可以利用多媒体动画，根据幼儿熟悉的故事人物，用生动有趣、色彩鲜明、直观形象的课件演示的方法，掌握基本战术的技巧，从而提高教学的效果。

对家长的建议

1. 多陪孩子走棋，帮助孩子尽快完成从单个棋子的走、吃到完整棋局的对弈。

2. "开局开得好，就成功了一半"。所以要重视开局的学习、掌握，刚开始让孩子模仿开局，如意大利开局、飞象开局等，熟悉基本开局后再进行变例。

图 1.10-18

3. 注意开局陷阱，如飞象开局该如何应对，让孩子多练习。

4. 刚开始对弈中如果存在战术契机，可以适当提醒孩子，当孩子成功使用战术时，马上肯定、表扬。

国际跳棋篇

据史学家研究,国际跳棋起源于古埃及、古罗马、古希腊等一些国家和地区。国际跳棋在我国的群众基础薄弱,多年来只有少数地区小范围地开展。在国家体育总局棋牌运动管理中心的重视下,国际跳棋2007年被引进中国,从当初会下国跳的人"屈指可数",到现在能够在亚锦赛中争金夺银。目前,丽水市已经被确定为"国跳之乡",多次承办国际、全国、全省等大型国际跳棋赛事,吸引国内外各界人士积极参与,促使国际跳棋在丽水市迅猛发展。

2013年6月实验幼儿园被确定为国际跳棋特色推广学校,以此为起点,创设浓郁的棋文化氛围,积极探索国际跳棋的推广和普及工作,开展形式多样的棋类活动,如免费培训班、亲子活动、幼儿竞赛等,同时组织幼儿参加全国、省、市、县各级各类比赛,取得了优异成绩。国际跳棋规则明晰,趣味盎然。实验幼儿园以开发幼儿智力、愉悦身心、促进交流、培养团队进取精神为目标,用喜闻乐见的游戏方式开展教学,让孩子们在玩乐中体验下棋的乐趣,培养他们勇于挑战、胜不骄败不馁、三思而后行的良好品质,增强进取意识和自信心,变得更爱思考,做事更有条理!

"棋"乐无穷,乐在"棋"中!让孩子们在黑白的对弈中健康快乐地成长吧!

≫ 认识棋盘

图 2.1-1

国际跳棋分 100 格和 64 格，是国际跳棋联盟规定的正式比赛项目。本书重点学习 100 格国际跳棋。让我们一起去认识国际跳棋的棋盘和棋子吧！

故事：国际跳棋王国

有一个白人和一个黑人(棋子)，他们一起出去找适合居住的地方，找啊找，找到了这个小岛(棋盘)，小岛上有淡淡的小河(浅色格)，还有绿绿的草地(深色格)，他们非常喜欢这里，决定在这里建立王国。为了区别一模一样的草地，他们各自找来了19个同伴，将草地用1—50的数标记，把大大小小的道路取名为大道、双重道、三联道，划分出边线、中心，并将小岛取名为：国际跳棋王国。

知识点

棋盘

棋格：

1. 深色格可理解为草地(行棋格)，且从左到右，从上到下依次定义为1~50；

2. 浅色格即白格，可理解为水(参照格)，水面是不能行棋的。

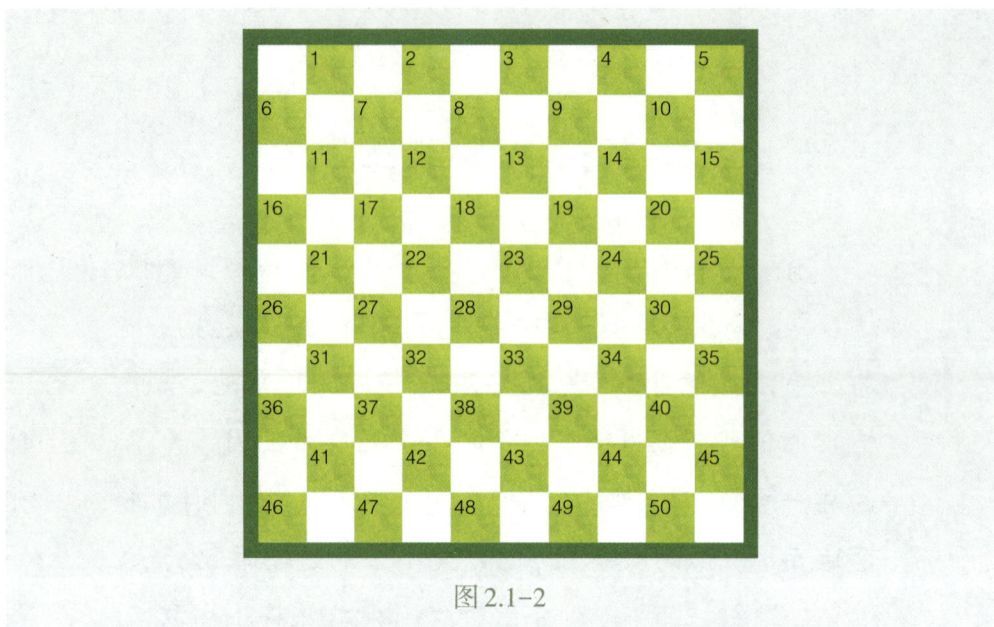

图 2.1-2

棋子

1. 国际跳棋的棋子比较单一:白兵和黑兵

2. 棋子摆放:棋盘左下角必须是黑格。开局时,白棋和黑棋各20枚棋子;白棋摆在大号数31~50的黑格,黑棋摆在小号数1-20的黑格,白方先走棋。

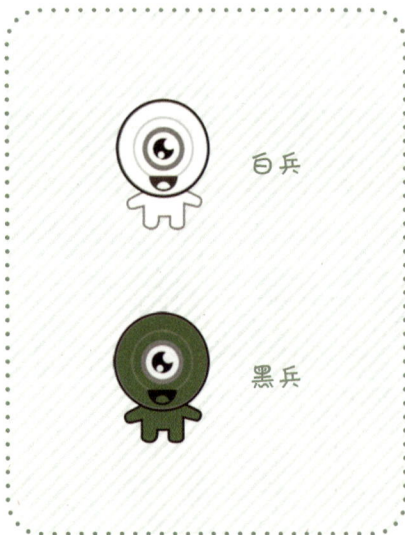

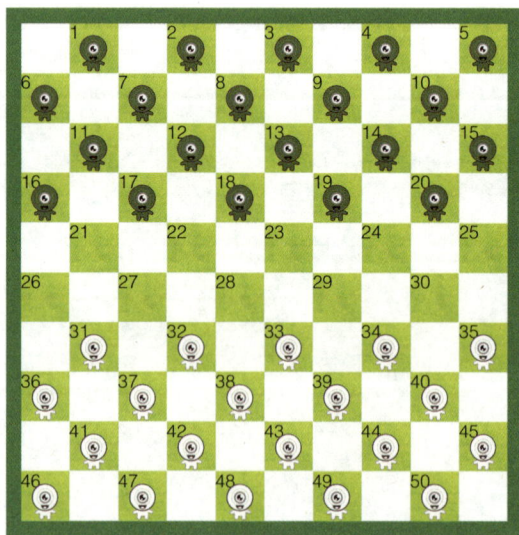

图 2.1-3

第一课

认识国际跳棋（百格）

活动目标

认识国际跳棋的棋盘、棋子，对国际跳棋产生兴趣。

活动准备

大棋盘、棋子。

活动过程

一、听故事"国际跳棋王国"，认识棋盘、棋子

二、摆一摆：把棋子摆在深色的黑格，数一数，你摆放了几个棋子

1. 棋子就是豆豆，黑格子就是泥土，种子要种在泥土里，一个格子种一颗豆豆。

2. 幼儿练习摆放，随意摆放成图形。(如图2.1-5)

图2.1-4

"我把豆豆种在黑格里！种得漂亮吗？"

图2.1-5

3. 棋子一个挨着一个排成一条直线。"兄弟之间拉拉手,队伍排得真整齐!"

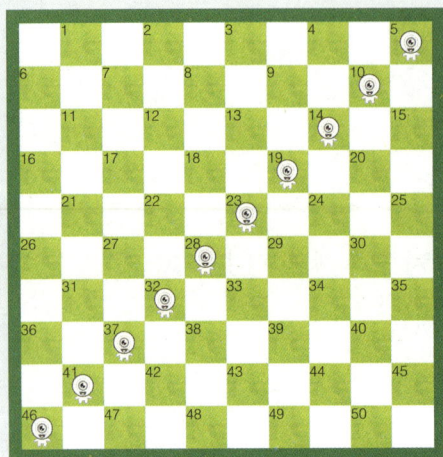

"这是大道!"

图2.1-6

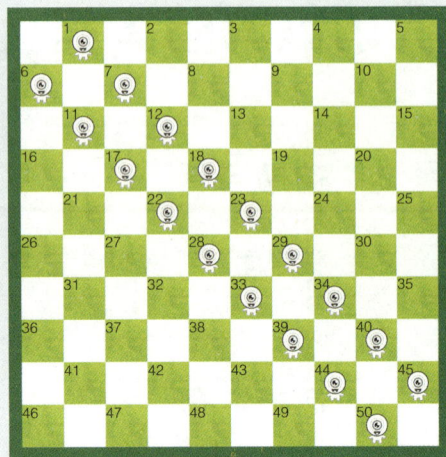

"这是双重道!"

图2.1-7

三、组织幼儿到教学大棋盘上,听指示把黑兵和白兵准确地放到深色格中。

图2.1-8

亲子课堂

游戏:"小兔跳"

带孩子到户外大棋盘上,看棋盘上的格子是什么颜色的?深色的格子是草地,浅色的格子是小河,妈妈在前面沿着深色格子往前跳,一次跳一格,孩子在后面跟着跳,小心,别掉进小河里呀!

>> 兵的运行

故事：能当王的小兵

兵步子小，只能一步一步走，不允许后退，后退就意味着当逃兵。可是他们前面是小河，只能斜着走一步，如果斜着的格子里有自己的朋友堵着，就不能走，一个格子只能有一个小兵。小兵到达敌人的底线马上可以戴上皇冠，成为本领高强的王。

知识点

兵的走法

国际跳棋中，兵只允许朝斜前方走一格（黑格为"行棋格"，所以只能前进至黑格中），不允许后退，后退就意味着当逃兵。兵前进的两个黑格中，如果有其他棋子，就不能行进。

如图2.2-1：兵可以按黑色箭头走棋，不能按红色箭头走。

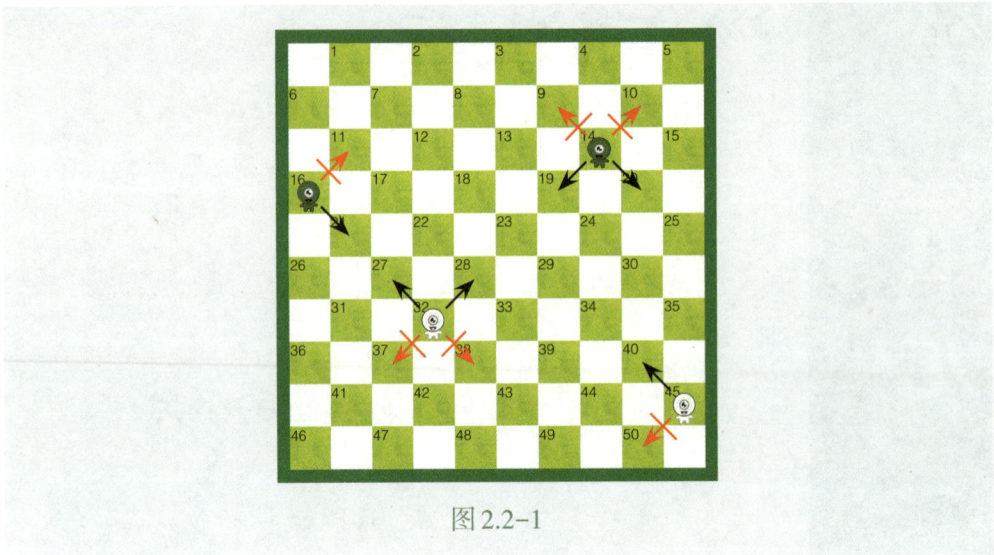

图 2.2-1

兵的升变

　　国际跳棋的起始局面全部都是兵，打仗开始，勇敢的小兵历经"千辛万苦"，一直攻到对方的底线。为了鼓励英勇的士兵，到达对方底线的士兵就能升变成王，叫"升变"、"加冕"。"加冕"就是戴皇冠，用相同颜色的两个棋子相叠，成为王。

兵　——兵走或吃到底线 升变成王和加冕——　王

　　温馨提示：

　　（1）升变和加冕是一步棋，必须用相同颜色的棋子加冕。

　　（2）加冕时兵必须要停在底线，如图 2.2-2。

1号的白棋已经升变成王棋。

图 2.2-2

第二课

兵的走法和升变

活动目标

1. 学习兵棋的走法。
2. 尝试轮流走棋。

活动准备

大棋盘、棋子。

活动过程

一、兵的走法

1. 教师示范讲解：兵只能向前斜走一格，不能后退走，后退就是逃兵。

2. 个别幼儿上来练习

3. 教师示范轮流走。白兵和黑兵各一次。你走一次，我走一次，叫做轮流。

走到底线可以升变成王棋。

4. 个别幼儿和教师轮流走。

二、幼儿两两对弈

亲子课堂

成人和幼儿对弈，每人5个棋子，放在起始位置。轮流走棋，走到底线，变成王。

图 2.2-3

第三课

兵的基本吃法

知识点

兵的吃法

兵的吃子必须具备的条件：

1. 兵临近的黑格中有对方的棋子。

2. 对方棋子后面是空格，没有其他棋子的存在。

具备以上两个条件就可以形成"吃子"，自己的棋子跳过对方的棋子，停在对方棋子后面的空格，就算"吃"了对方的棋子，同时把对方的棋子从棋盘上拿走。

温馨提示：兵"吃子"时可以后退。

如图2.2-4：

①前进吃：32位白兵可以跳过28位黑兵，停在23位，拿掉28位黑兵，完成"吃子"整个过程。

②不能吃：32位白兵不能跳过27位黑兵，因为27位黑兵后面没有空棋位，不具备吃子条件。

③后退吃：20位白兵后面24位有一个黑兵，同时黑兵后面是空格，所以20位白兵可以跳过24位，停在29位，拿掉24位黑兵，完成"吃子"整个过程。

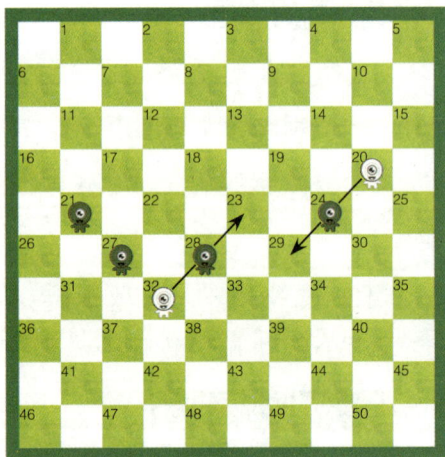

图2.2-4

活动目标

学习兵的跳跃吃子，知道兵吃子的基本条件。

活动准备

大棋盘、棋子。

活动过程

一、故事"勇敢的小兵"

国际跳棋在打仗的时候就像名字一样,要跳着吃子,要跳过敌人的棋子,就是"消灭"了敌人,形成了吃子,吃子必须符合二个条件:

1.兵临近的黑格中有对方的棋子。

2.对方棋子后面是空格,没有其他棋子的存在。

二、兵吃子的动作

自己的棋子跳过对方的棋子,停在对方棋子后面的空格,就算"吃"了对方的棋子,同时把对方的棋子从棋盘上拿走。

三、什么是轮流下棋

对局开始,白方走一次,黑方走一次,只有等对方下棋的手离开棋盘了,另一方才能挪子走棋。这就是轮流的规则,小朋友你们学会了吗? 要耐心等待哦!

亲子课堂

游戏名称:送面包

孩子在棋盘上摆好白方的起始局面,家长拿一枚黑棋放到棋盘中。"你能吃到它吗?"让幼儿判断是否能吃到这枚"黑面包"。

图2.2-5

白兵走一步(如图2.2-5)

图2.2-6

黑兵走一步(如图2.2-6)

图2.2-7

第四课

兵的连续吃子

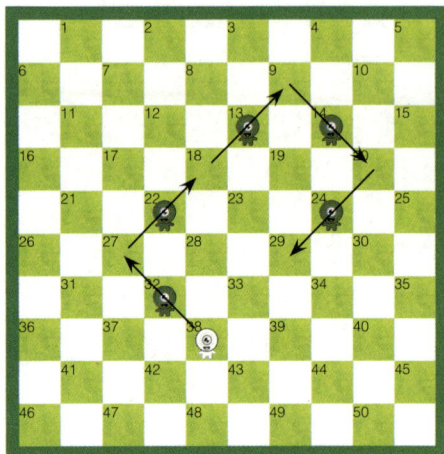

图 2.2-8

知识点

兵的连吃

兵可以连续"吃子",(如图 2.2-8),
兵可以连续吃子,一直到29位。

活动目标

尝试进行兵的连吃,能够计算吃子
的数量。

活动准备

大棋盘、棋子。

活动过程

一、故事"像皮球的小兵"

小兵的跳跃能力非常强,像皮球一
样会连续跳跃,跳过对方的棋子以后,
又遇上可以跳过的棋子,那么就可以连
续跳过去,把被跳过的棋子吃掉,并且从
棋盘上按吃子的顺序或倒序依次取下。

二、动动小脑筋

(如图 2.2-9)中,48位白兵和5位
黑兵都可以连续吃子,看一看,谁吃得多。

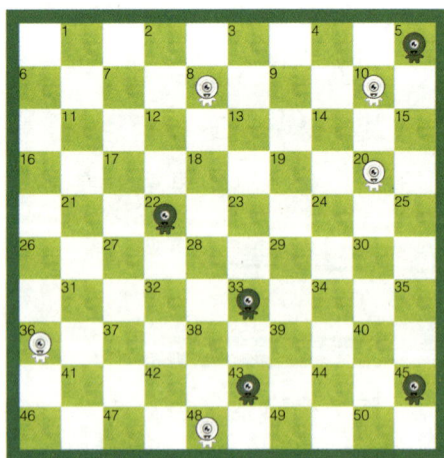

图 2.2-9

三、游戏：谁送的花多

幼儿两人一组，一幼儿摆好一个白棋或黑棋，另一幼儿开始送手中的花朵贴纸（可以是别的）。先摆好位置，再让拿棋的幼儿开始跳跃吃子，并计算。交换进行，比较谁送的花最多。

亲子课堂

（如图2.2-10）中，41位的白兵和10位的黑兵比赛了，和爸爸妈妈走一走，看看谁会先到底线。

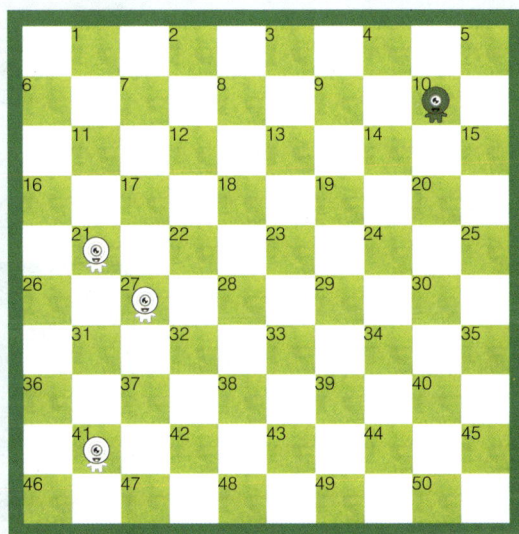

图2.2-10

下棋时不要随便用手摸棋盘上的棋子，记住：轮到你走棋时，摸子动子。如果触摸了对方的某个棋子，就必须吃掉它，当然如果这步棋是规则不允许的着法，可以改走其他棋步。但是，这样的行为是不受欢迎的，可能带来被判违规的后果。

图2.2-11

兵的升变加冕

知识点

兵的加冕

1. 白兵能加冕成王。（如图 2.2-12）

2. 白兵不能加冕。（如图 2.2-13）

14 位白兵可以连续吃子，路过 3 位升变格，最后停在 12 位，这时白兵不能升变，因为它仅仅是路过底线，而不是停在底线。

图 2.2-12

活动目标

知道小兵走到底线就可以变王棋，正确理解加冕的含义。

活动准备

大棋盘、棋子。

活动过程

图 2.2-13

一、故事"能当王的小兵"

兵的升变就像是小兵立功受奖，打仗时小兵立功可以当元帅，国际跳棋中小兵勇敢也可以升变成为威力更大的棋子。小兵要安全顺利地挺进对方底线并不是一件容易的事情，因此兵的升变并不是每局棋中都能够出现的，出现可以升变成王的机会，一定要冷静，千万不要因为一时的兴奋马虎断送了成王的机会。同时也不能只看自己的棋局，要防止对方的兵升变。

二、幼儿两人一组，每人 5 个小兵，比一比谁的小兵先变王

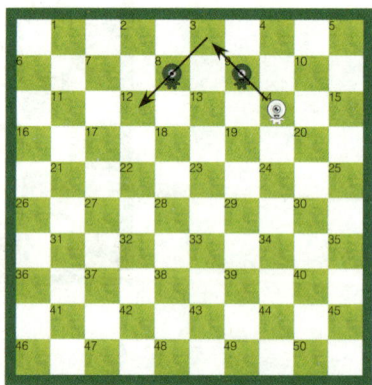

≫ 王的运行

故事：厉害的国王

　　小兵冲到了底线，大家都觉得它特别厉害，拥护它当王，给它戴上王冠。戴上王冠的王本领可大了，小兵只能一格格走，王可以一下子斜着走好几格，可以走得远，吃得远，也可以走得近，吃得近。我们来给王走的路画上标记吧！

国际跳棋的战斗中有了王的加入，斗争变得更加激烈精彩，一个王的战斗力等同于三个兵。

王的进攻能力不可小视，特别是在对方棋子所剩无几的对局最后阶段(残局阶段)，王在宽敞的战场会发挥出更强大的威力。

知识点

王的走法和吃法

国际跳棋中，王的走法比兵要灵活得多，在一条斜线上只要没有其他棋子的阻挡，不论远近都可以走，而且王可以前进也可以后退，这是王与兵的区别。(如图2.3-1)，王可以走到斜线上任意一格。

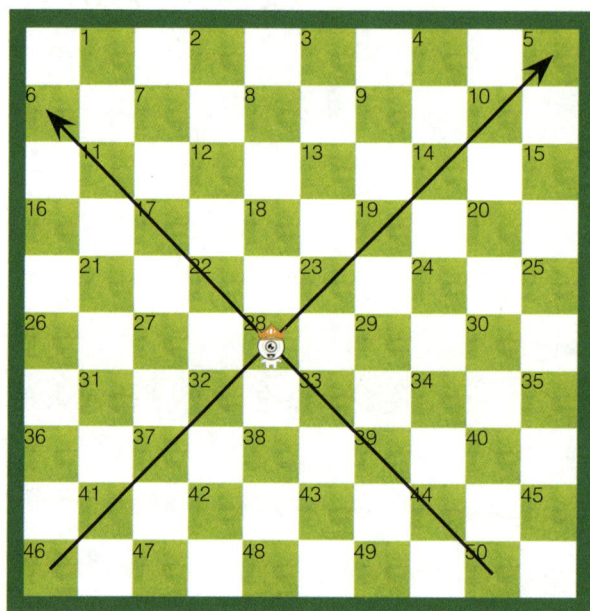

图2.3-1

在战场上，王和兵是平等的，王可以吃兵，兵也可以吃王，所以王一定要注意站在安全位置，别被引入敌兵的射程中而被杀。

第六课

王的基本走法

活动目标

学习王的走法和吃法，能够长距离斜走。

活动准备

大棋盘、棋子。

活动过程

一、故事"厉害的国王"

小兵冲到了底线，大家都觉得它特别厉害，拥护它当王，给它戴上王冠。戴上王冠的王本领可大了，小兵只能一格格走，王可以一下子斜着走好几格，可以走得远，也可以走得近。

王吃子条件：

第一，王所在的斜线上有对方的棋子，不管距离多远；

第二，对方的棋子后面有空格；这样王就具备了"吃子"的条件。"吃子"时王跳跃对方棋子后可以停在这枚棋子后面的任何一个空格中。(如图2.3-2)50位白王可以跳过28位黑兵，随意选择停在22、17、11、6中任意一格。

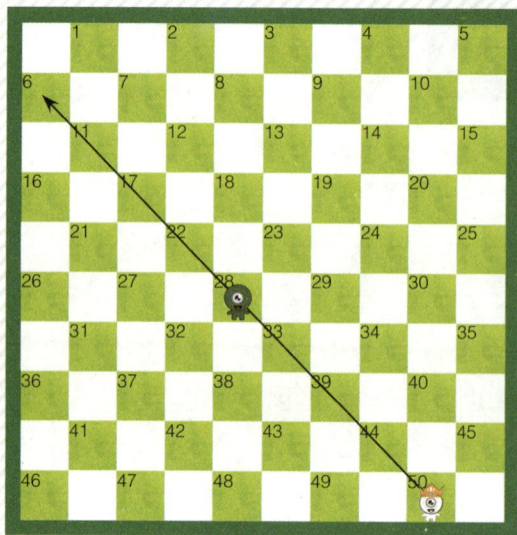

图 2.3-2

二、游戏:铺石子路

教师摆一个王棋,讲解王的走法:王在任何一条斜线上均可进退,并且不限格数。(类似国际象棋的象的走法)

三、幼儿练习

1. 教师随意摆放一个王棋,请幼儿摆放蛋糕送给王吃。

2. 幼儿互相游戏,一人摆王棋,一人摆蛋糕。

图 2.3-3

第七课

王的连续吃子

活动目标

巩固王的连续吃子方法，尝试拐弯吃子。

活动准备

大棋盘、棋子。

活动过程

一、复习巩固王的吃法

教师连续摆放棋子，幼儿判断王棋能否吃到敌人。

小兵能够像球一样弹起来，王同样也能够弹起来，而且弹跳的本领更大。教师演示王的连续吃子（如图2.3-4）。王可以连续"吃子"，路线相对兵来说要复杂，所以要仔细选择路线。

动动小脑筋：

1. 白王可以吃几个棋子？最后可以停在哪里？（如图2.3-6）

2. 黑王能吃28和23位的白棋吗？为什么？（如图2.3-5）

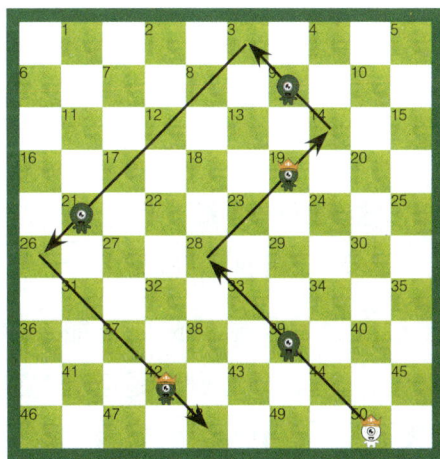

图2.3-4

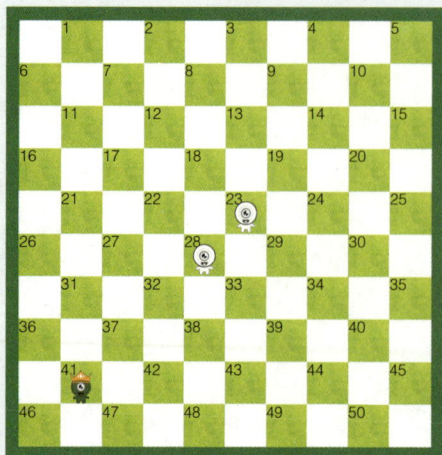

图 2.3-5

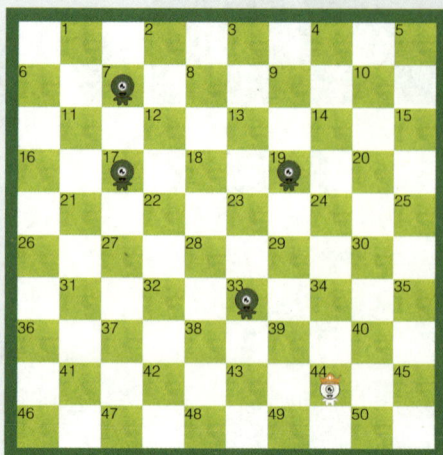

图 2.3-6

二、游戏:比一比,谁吃的面包多

幼儿两人一组,每人拿相同数量的棋子(面包),看谁能够全部摆放到王能连吃的位置。

亲子课堂

王的战场:有了王,战争就更激烈,更有趣了,和爸爸妈妈一起来一场王的战斗吧! 也可以适当增加王的数量。

游戏:连吃面包

孩子在棋盘上放一个白王,家长手里拿多个黑子摆放在白王能连续吃子的位置上,让幼儿判断是否能吃到这些"黑面包"。游戏熟练后,孩子和家长可以交换,家长吃子,幼儿摆棋。

图 2.3-7

>>> 国跳规则

故事：斗智斗勇

白兵发现前面有敌人黑兵，刚想冲上去，可是认真一看，不行，对方有陷阱，不可以吃。这时黑兵说话了："没有办法，规则对大家都是一样的，谁让你事先不想好了呢？吃亏上当也得上，斗智斗勇看谁最聪明。"

原来国际跳棋吃子方面没有选择，只要形成了吃子的局面，就必须吃，而且有多吃则不能少吃，必须一口气吃到底，不能停留。这就是国际跳棋最大的特点，也就是其魅力所在，有时会逼着你去做不情愿的事。

知识点

胜：国际跳棋的胜利一般为五种途径

（1）把对方的棋子全部吃光。（如图2.4-1），白方将黑方全部吃光，白方胜。

（2）使对方轮到走棋时无棋可走。（如图2.4-2），轮到黑方走棋，黑方无子可动，白方胜。

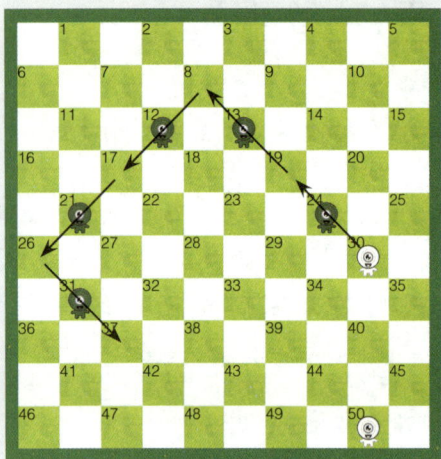

图2.4-1

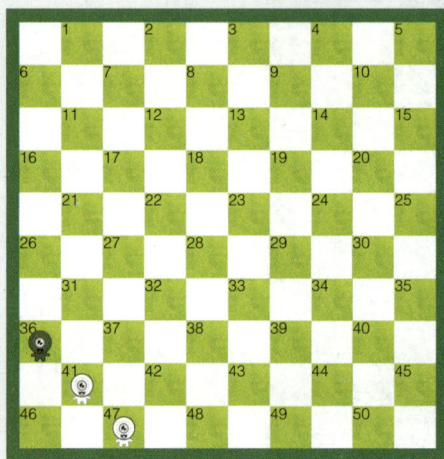

图2.4-2

（3）对方认输。

（4）对手超时被判负。

（5）对手严重违反大赛规则被判负。

负：判定国际跳棋的输棋，同样有五种

（1）棋子被对方吃光为负。

（2）轮到走棋时无子可动为负。

（3）主动认输。

（4）超时被判负。

（5）违反大赛规定被判负。

和：国际跳棋和棋一般有五种情况

（1）双方同意和棋。

（2）三次重复局面和棋（同一局面重复三次，且每次都轮到同一方走棋）。

（3）5回合和棋：①2（两王或一王一兵）对1（单王），双方在5回合内未分胜负，判为和棋；②1对1（都是单王），双方在5回合内未分胜负，判为和棋（如图2.4-3）。

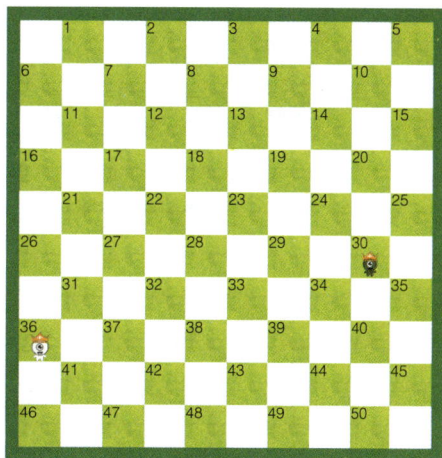

图2.4-3

（4）16回合和棋：3（三王或二王一兵或一王二兵）对1（单王），双方在16回合内未分胜负，判为和棋。

（5）25回合和棋：在连续25个回合中，双方只移动过王棋，没有走动过兵，也没有吃到任何一子，判为和棋。

图2.4-4

胜利的喜悦

活动目标

1. 理解国际跳棋的胜、负、和。
2. 激发对国际跳棋的兴趣。

活动准备

大棋盘。

活动过程

一、什么是胜利

1. 把对方的棋子全部吃光。
2. 使对方轮到走棋时无棋可走。

二、动动小脑筋

战争结束了,请观察以下棋盘,判断谁胜谁负。(轮到黑方走棋)

图2.4-5(黑胜,白方无子) ▶

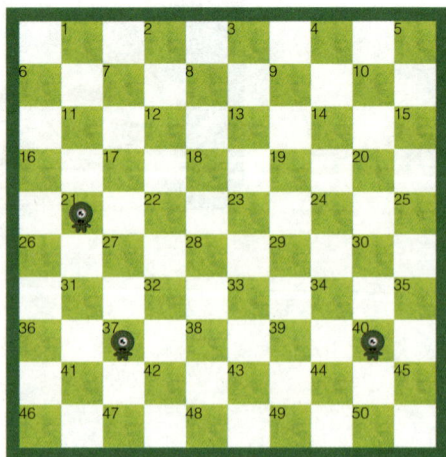

图2.4-5

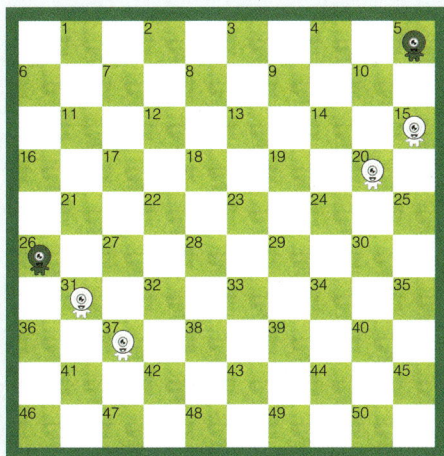

图 2.4-6

▲

图 2.4-6(白胜,5位黑兵只能送吃)

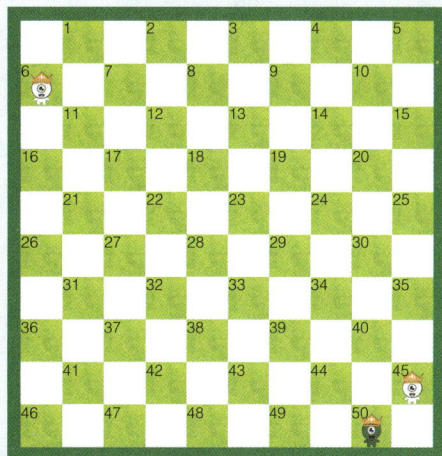

图 2.4-7

▲

图 2.4-7(白胜,50位黑王只能送吃)

三、幼儿俩俩对弈(双方各10个棋子)

亲子课堂

故事:下棋要专心致志

在孟子的《弈秋》中有这样一个故事:弈秋是春秋时期一个围棋国手,他教两个孩子下棋,其中一个笨一点,但是学棋专心致志;另一个很聪明,但上课时老想着天上马上有鸟要飞过来了,想跑出去打鸟玩。结果,专心下棋的那个学生棋艺进步很快,成了高手。

虽然这个古代故事中的小朋友下的是围棋,可是下棋的道理都是一样的。孟子用这个故事比喻一个人要学本事,就一定要认真、用心。

和爸爸妈妈专心致志地下棋吧!

图 2.4-8

第九课

特殊的规则

知识点

有吃必吃

有吃子时必须要吃，就算吃子后可能对自己造成伤害也要吃，这条规则的制定，给国际跳棋战斗制造了许多强制性的变化。

（如图2.4-9），白方走19，送给黑方14位黑兵吃，如果黑方吃子后会使局面成为（如图2.4-10），所有棋子都被白方吃光，输棋。

这种情况，基于有吃必吃的规则，黑方不能选择不吃，而必须要吃。

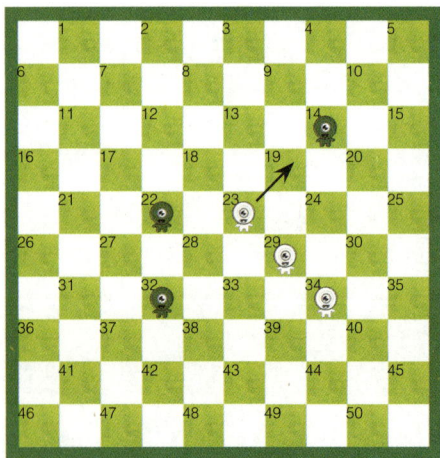
图2.4-9

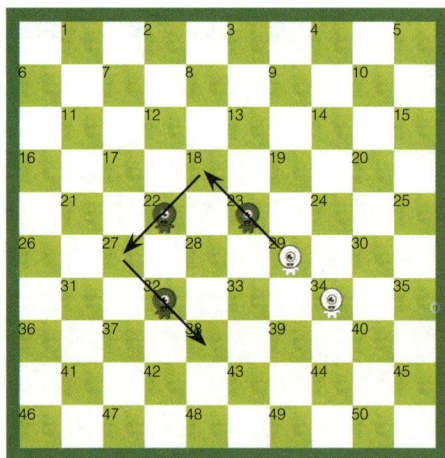
图2.4-10

有多吃多

国际跳棋吃子规则中第二道"风景线"是有多吃多：在国际跳棋中，对弈时如果出现一枚棋子（或多枚棋子）同时可以顺着两条（或多条）路线去吃对方棋子的情况时，吃子方必须选择吃子数量最多的路线行棋，而不能考虑哪条路线对自己有利。

（如图2.4-11），这时黑方有三条吃子路线。

一条是红色路线，38的兵吃两子，吃后退回16位（如图2.4-12）；

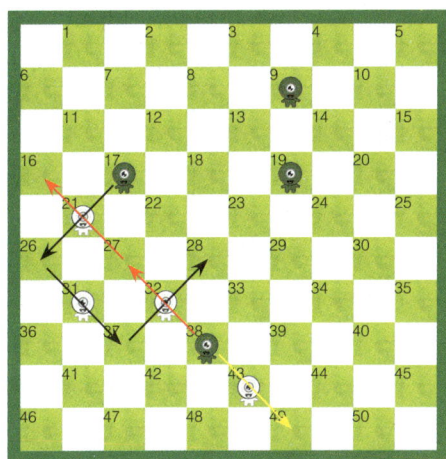

图2.4-11

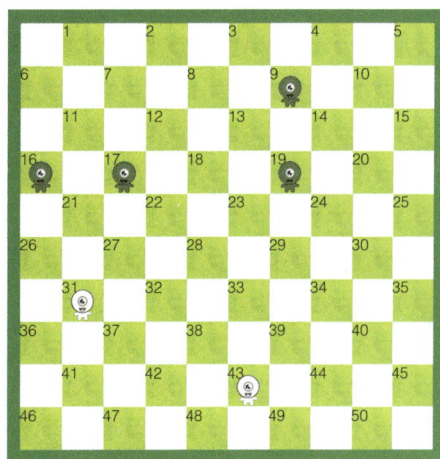

图2.4-12

一条是黄色路线，38的兵吃到49升王（如图2.4-13）；

一条是黑色路线，17的兵吃三子，吃到28，吃后为白方搭桥，使自己连失4子，对方成王，输棋（如图2.4-14）。

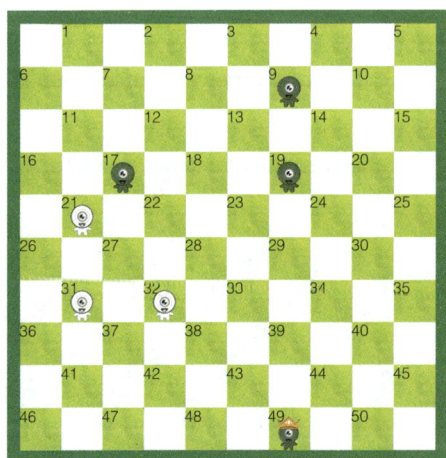

图2.4-13

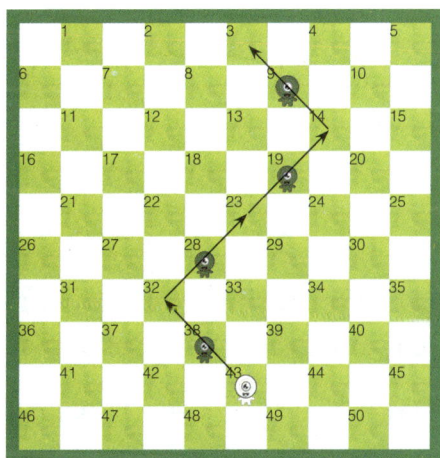

图2.4-14

聪明的你一定会选择第二条路线，但是基于有多吃多的规则，黑方无法选择，必须选择第三条路线，按黑色路线吃子，输棋。

一次取净,不能重跳

国际跳棋中,出现连续吃子时,必须在吃子结束后才可以从棋盘上把所有被吃的对方棋子按照顺序或倒序的方式依次拿走,不允许吃一个拿一个,也不允许所有棋子一把抓。

（如图 2.4-15）：白方在吃完棋后,按38、28、19、9的顺序或按9、19、28、38的倒序拿掉黑棋。

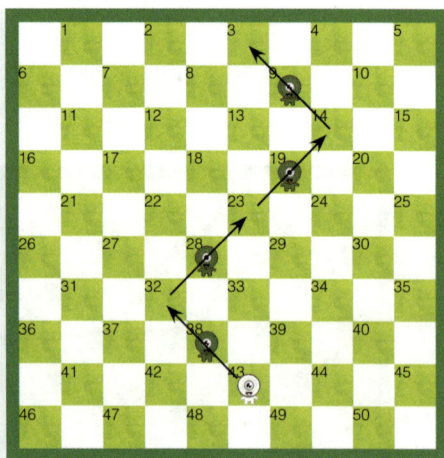

图 2.4-15

允许跳过同一空格,不允许跳过同一棋子

（如图 2.4-16）：37 位白兵依次跳到 28、19、8、17、28、39 的空格,吃光到黑方所有棋子,其中白方有两次到达28位空格,这就是多次跳过同一空格,是规则允许的。

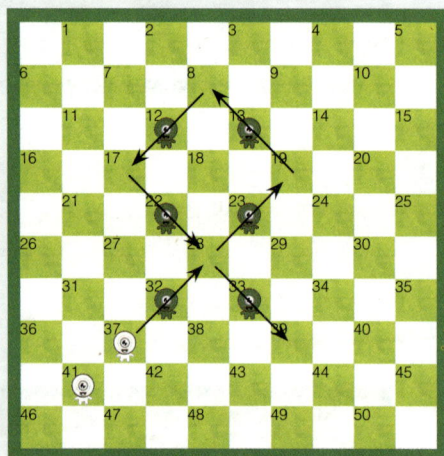

图 2.4-16

（如图 2.4-17）：49 位的白王依次跳过38、22、19、29的黑兵,由于38的黑兵已经被跳过,白王不能再次跳过,只能停留在33位,最后结果被28位的黑兵连吃,白方输棋。

温馨提示:国际跳棋中,兵和王是平等的,可以互吃。

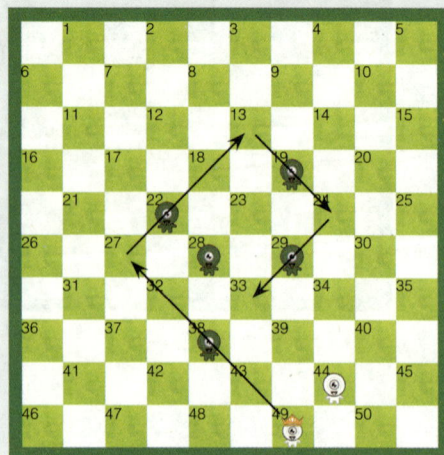

图 2.4-17

活动教案

活动目标

理解国际跳棋中有吃必吃规则,能在对弈中有效使用。

活动准备

大棋盘。

活动过程

一、讲述故事"斗智斗勇"

二、规则:有吃必吃

这一条规则是国际跳棋区分其他棋类的一个重要标志。如果遇到能吃掉对方棋子的机会,那么不管是兵还是王棋,都必须吃掉对方棋子,这就是国际跳棋中的有吃必吃。当对方有意送子给你吃,你不能考虑会对自己不利,会蒙受损失而不吃去。不吃就是犯规,裁判员会判定你必须吃,否则就算输。

这条规则的制定,给国际跳棋制造了许多强制性的变化,使送吃变成了炸弹,如果你在走棋时,能送对方一个炸弹,你就有机会赢。

三、动动小脑筋

1. 请白方利用棋规"有多吃多"取胜。(如图2.4-18)

2. 请利用棋规"有多吃多"、"有吃必吃"取胜。(如图2.4-19)

请按黑方吃子路线,写出应取掉白方棋子的顺序。(如图2.4-19)

棋局继续,按白方吃子路线,写出应取掉黑方棋子的顺序。

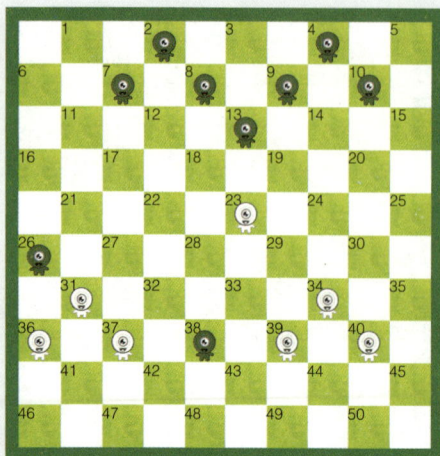

图 2.4-18

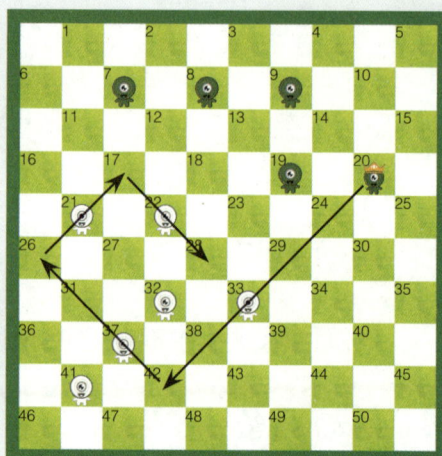

图 2.4-19

答案：1. 37-32   26×19

2. 39-33   38×29

3. 34×1

亲子课堂

请爸爸妈妈根据棋谱摆棋，加强幼儿利用棋规取胜的意识。（白方先走）

这种情况，基于有吃必吃的规则，黑方不能选择不吃，而必须要吃。

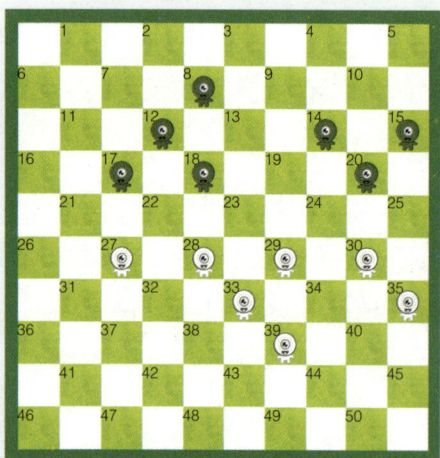

图 2.4-20

答案：1. 28-22   17×28

2. 33×2

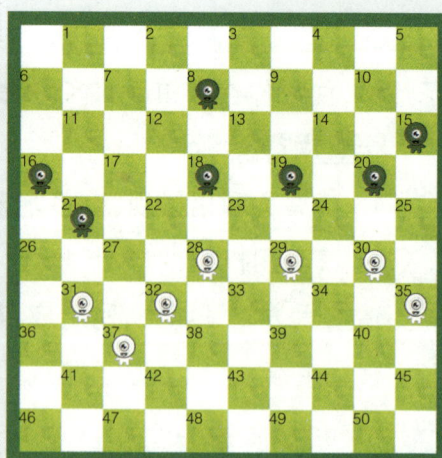

图 2.4-21

答案：1. 28-23   19×28

2. 32×3

》》》 制胜的技巧

故事：跟屁虫

国际跳棋黑白双方大战，打到了最后，双方都伤亡惨重，有时候双方都剩下了一个兵，两个兵远远对立，哪方会胜利呢？这时候，轮到黑方走，白方就当"跟屁虫"，对手往哪边走，就要往哪边跟，最后黑方无路可走，白方胜利！

图 2.5-1

知识点

对位

黑兵和白兵在同一纵向直线上的迎面对立，不管距离近还是远，都称为"对位"，对位有一个"先行不利"的原则，双方谁先走谁输棋。

（如图 2.5-2）中 41 和 31 位兵是近距离对位，4 和 44 是远距离对位，同样都遵循"先行不利"，谁走谁倒霉。

需要注意的是：远距离对位，后走方要当"跟屁虫"，对手往哪边走，就要往哪边跟，别跟丢了，否则会让对手逃离。

（如图 2.5-3），白方先走（红线），黑方后走（黑线），黑方只要跟着白方的方向走，最后都能走成近距离对位，下一步就成功消灭对方。

（如图 2.5-4），白方先走（红线），黑方后走（黑线），黑方如果不跟着白方的方向走，距离会越来越远，导致无法对位获胜。

对峙

黑王和白王在同斜线两端的对立，称为对峙（如图 2.5-5）。由于王的走法灵活，控制范围广，所以只有在大道上的对峙才有"先行不利"原则，谁走谁倒霉。其他斜线对峙没有任何意义。

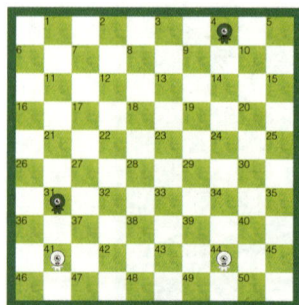

图 2.5-2

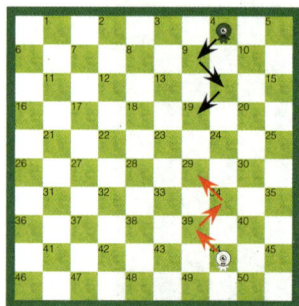

图 2.5-3

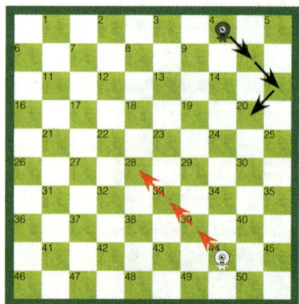

图 2.5-4

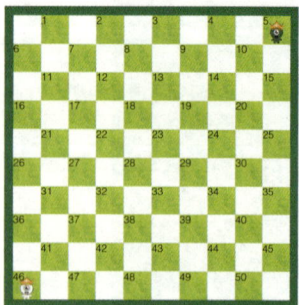

图 2.5-5

第十课

面对面的优势——对位

活动目标

掌握对位的方法,能够利用对位获得优势。

活动准备

大棋盘、棋子。

活动过程

一、情境演示,抛出问题

国际跳棋黑白双方大战,打到了最后,双方都伤亡惨重,都剩下了一个兵,你们觉得最后结果怎样?

1. 幼儿自由猜测,在棋盘上进行尝试。

2. 说一说对弈的结果,大棋盘演示对弈的过程。

归纳小结:双方的兵在同一纵向直线上,这时谁先走谁就会输棋(不论远近,先行不利)。这里幼儿要注意:做跟屁虫,对方往哪边走,自己就跟哪边,谁先走谁倒霉

二、动动小脑筋

1. 请找一找(如图 2.5-6)中有几组对位,白方先走棋谁会获胜?

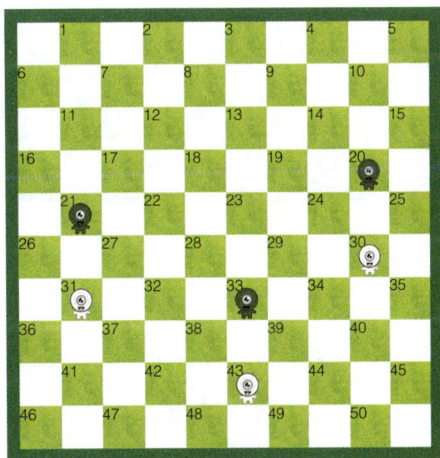

图 2.5-6

2. （如图2.5-7）中，19和29的兵是对位吗？（注意点：白方和黑方现在是背对背，所以不叫对位）。

3. （如图2.5-8）中，请用对位的方法帮助白方获得胜利。（提示：牺牲自己的一个棋子把敌人引过来！）

4. 尝试多兵对位

多兵对位比单兵的对位局面相对复杂些，但原理是一样的，都是"先行不利"。（如图2.5-9）

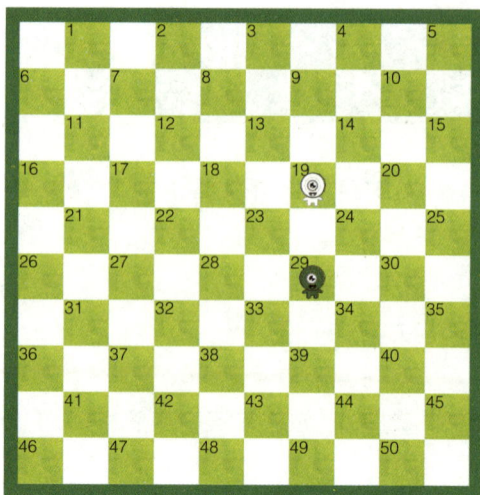

图2.5-7

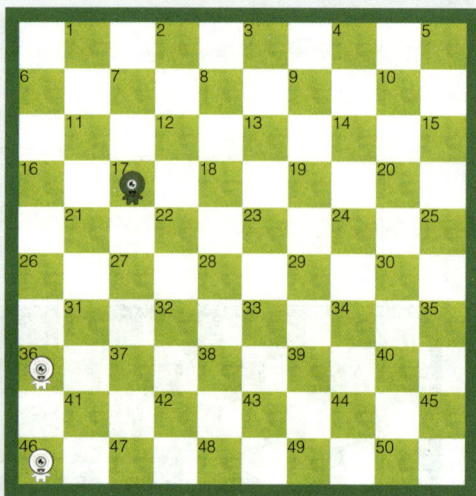

图2.5-8

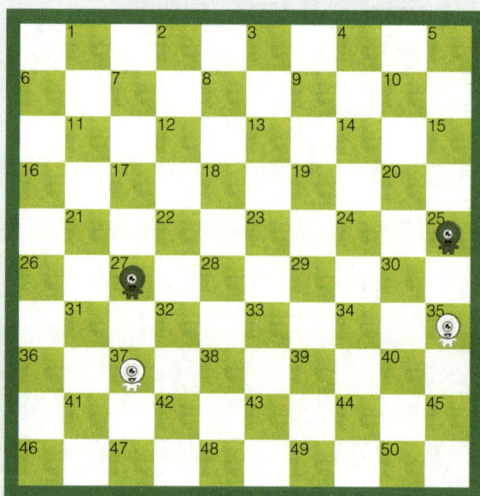

图2.5-9

答案：1. 36-31　17-22

2. 31-27　22×31

3. 46-41（对位）

（接下来不管黑方怎么走都输棋，白胜）

亲子课堂

第一步：(如图2.5-11)请爸爸妈妈执黑兵,随意摆放在棋盘上,给孩子白方兵或王棋,让孩子找到对位的房间,并摆放。

第二步：(如图2.5-12)爸爸妈妈随意摆放单兵和单王(不要与单兵对位),让孩子帮助单王走到单兵对面格位,形成对位。(帮助孩子快速找到对位的那条斜线)

图2.5-10

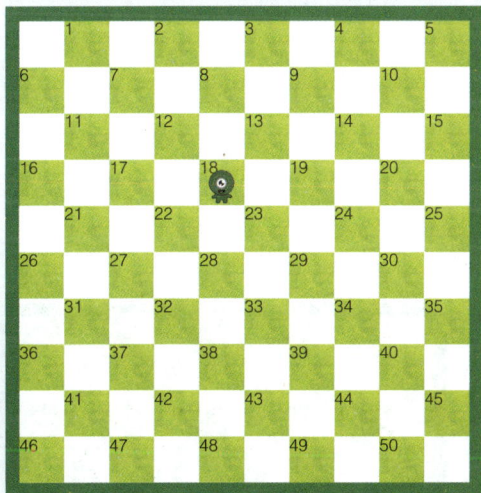

图2.5-11

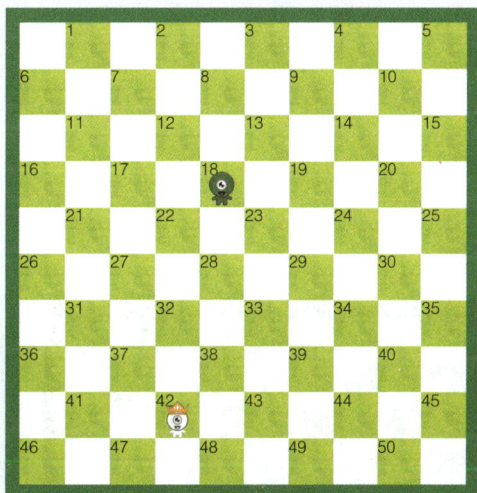

图2.5-12

第十一课

给你一个炸弹——弃子

知识点

棋类对弈中,必须要通过一些手段,达到消灭对方的目的。国际跳棋由于有吃必吃、有多吃多的规则制定,使"送吃"成了一门学问,把吃的变成炸弹,使对方吃得不痛快是最大兴趣所在。本课中我们来学习国际跳棋中两大基础战术。

弃子引入

弃子,从字面上解释就是放弃棋子,弃子引入,就是放弃自己的棋子把敌人引到危险棋位,对敌人实施打击,从而获取优势或胜势。

例一:一步引入

由于纵队队形的优势,往往对方出现栏杆队,就能实施打击。

(如图2.5-13),白方24-20,弃子引入送炸弹,将15的黑兵引到24(如图2.5-14),黑方有吃必吃,结果导致输棋。

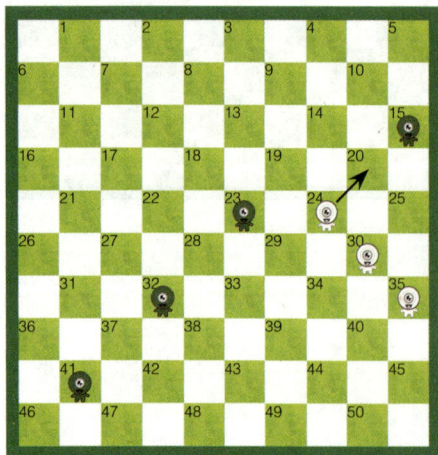

图2.5-13

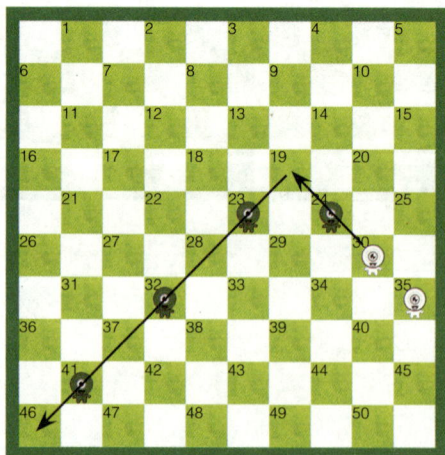

图2.5-14

例二:两步引入

(如图 2.5-15)白兵 21-17,第一次弃子引入,黑兵有吃必吃 11×22;(如图 2.5-16),白兵 33-28,第二次弃子引入,黑兵有吃必吃 22×33,白兵 38 连续吃子 38×9,获胜。

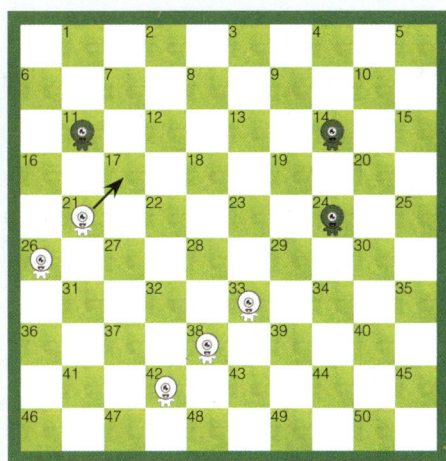

图 2.5-15

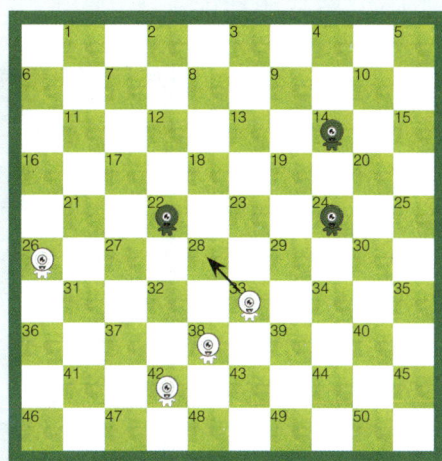

图 2.5-16

弃子引离

弃子引离:放弃自己的棋子,引对方离开原来的位置,从而实施打击。弃子引离分为两种,一是纵队引离,二是保护引离。

例一:纵队引离

当对方排好队伍时,利用弃子手段打乱对方的队伍,实施打击。(如图 2.5-17),白兵 23-19,弃子引离,把 14 的黑兵引离,破坏黑方纵队。

(如图 2.5-18),使 25 位白兵可以顺利打击。

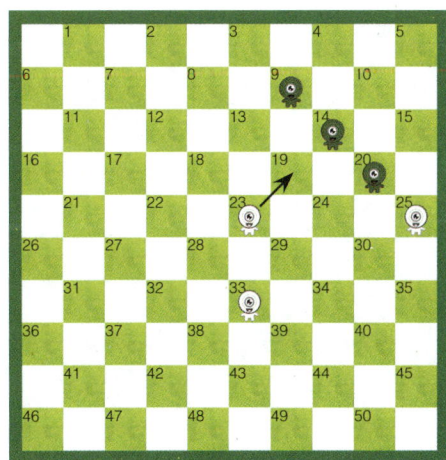

图 2.5-17

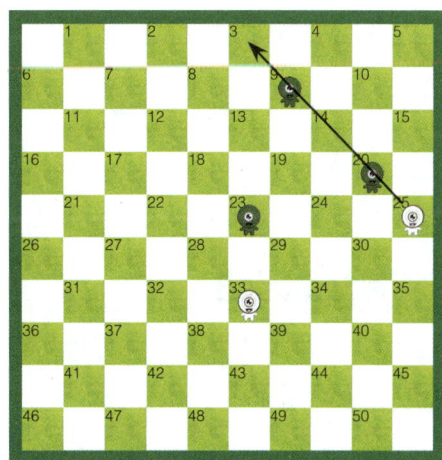

图 2.5-18

例二：保护引离

利用弃子手段，将对方有防守任务的棋子引开，从而达到进攻的目的。

（如图 2.5-19），白方15位的兵想要变王，但黑方4位兵守着10位，使白兵无法前进，这时白方可走13-9，将黑方4位这个有防守任务的兵引开，让15位白兵顺利前进，成王，白方胜。

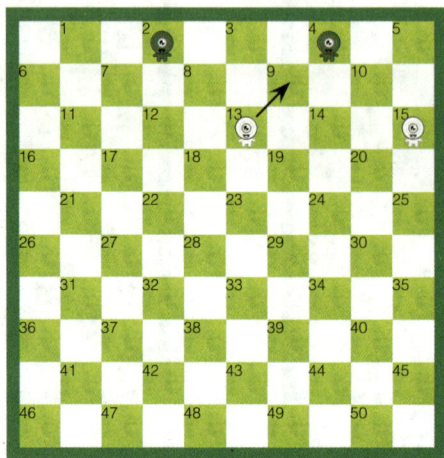

图 2.5-19

活动教案：弃子战术

活动目标

学习理解弃子引入战术，能有意识地在对弈中使用。

活动准备

大棋盘、小棋盘、视频。

活动过程

一、弃子引入

我们学习了队形，排好队伍还要会打仗，能用方法去打，不能大家一起乱打，这就用到了战术。

二、学习弃子引入

分析案例,学习弃子引入。根据对局需要,通过牺牲自己少数棋子来改善阵地,平衡局势,协调子力,甚至变守为功,取得优势或胜利。

三、动动小脑筋

1. 请运用弃子引入方式取胜。(白方先走)(如图2.5-20、2.5-21、2.5-22)

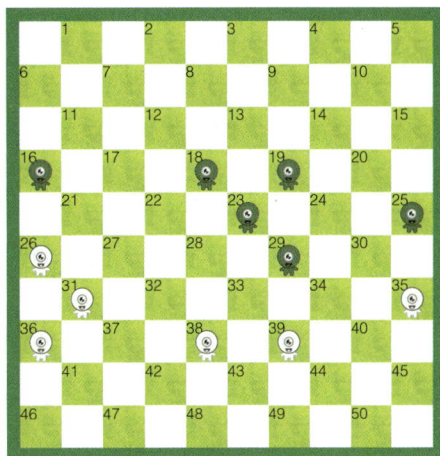

图 2.5-20

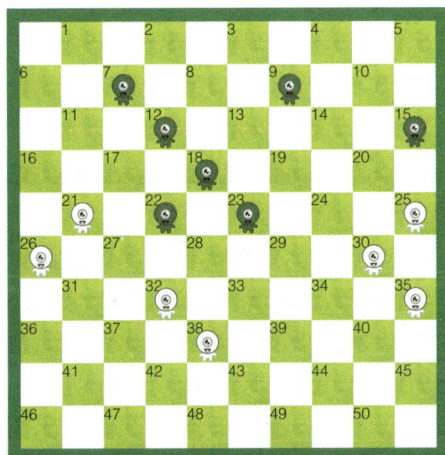

图 2.5-21

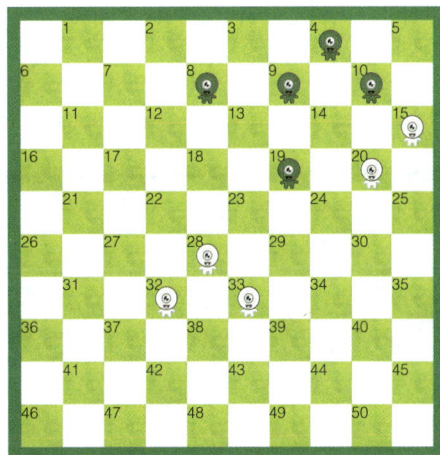

图 2.5-22

2. 请运用弃子引离的方式取胜。(白方先走)(如图2.5-23、2.5-24)

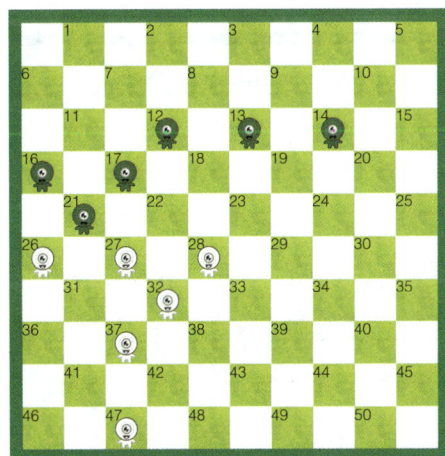

图 2.5-23

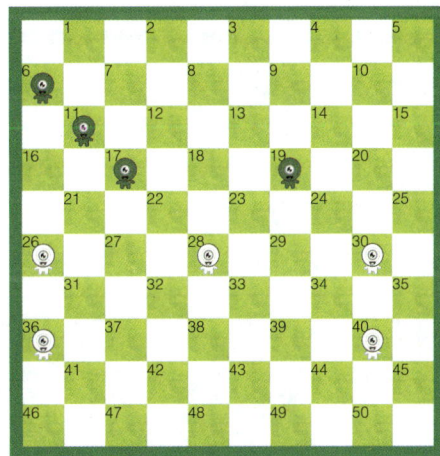

图 2.5-24

请爸爸妈妈摆棋、走棋,让幼儿说说棋局中获胜方是用什么方法的。
(此游戏帮助幼儿巩固理解引入、引离战术)

(如图2.5-25),

1. 31-27　　22×31

2. 36×9(引入白胜)

(如图2.5-26),

1. 32-28　　23×32(保护子引离)

2. 33-29　　24×33

3. 39×6

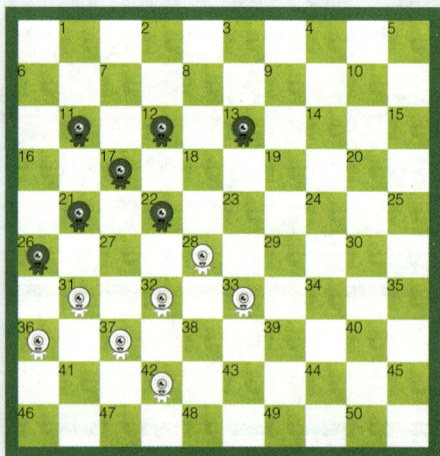

图2.5-25

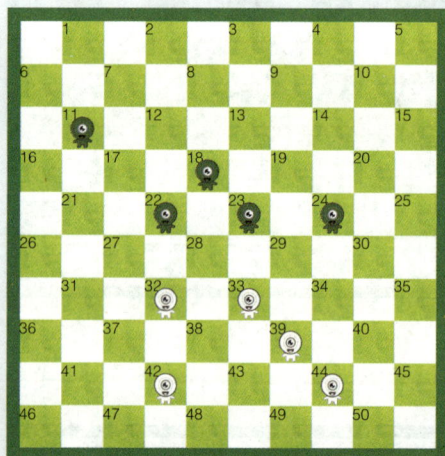

图2.5-26

对局礼仪

对局时,棋手的临场表现最能体现他的礼仪修养水平。下棋时,要坐姿端正保持安静,不做与下棋无关的事情。"琴棋书画"是中国古人用来修身养性的"功课",下棋对于小朋友来说虽然只是一种智力游戏,但是我们要以高水平的棋手标准要求自己,做到举止端正,体现出好的修养水准。

第十二课

排排队向前走——列队

知识点

纵队

打仗要依靠集体的力量,如果光靠一个棋子就容易被对方消灭,一定要互相保护、互相配合,进而攻击敌人。要起到很好的保护、进攻作用,队形就显得至关重要。首先我们先来认识国际跳棋中的一个基本队形:纵队。(如图2.5–27)

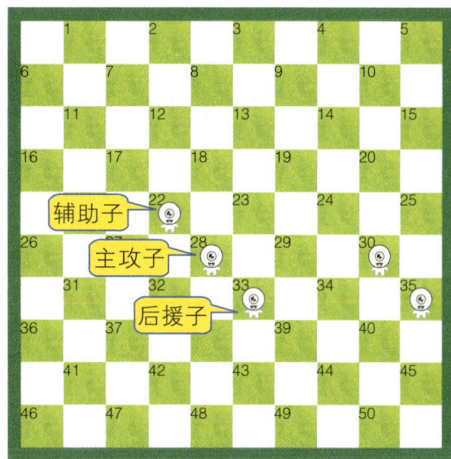

图 2.5–27

纵队:在一条斜线上"一字"顺序排列的队形。棋盘中间三个棋子排为纵队,边线两个棋子排为纵队。

纵队的作用:

1. 辅助子:用于牺牲的棋子,起到诱敌的作用(小弟弟)。

2. 主攻子:打击对方的棋子,起到攻击的作用(二哥哥)。

3. 后援子:起到支撑和支援的作用(大哥哥)。

栏杆队

纵队是国际跳棋中的基础队形,幼儿需要掌握。同时还要注意栏杆队。栏杆队就像我们日常生活中的栏杆一样,中间有空洞,容易被敌人钻洞进入,跳跃打击,所以栏杆队千万不能出现。

(如图2.5–28)中分别是竖栏杆队、横栏杆队、斜栏杆队,从图中可以看出棋子之间存在空格,棋子之间不能互相保护,刚好让敌人跳跃而过,因此栏杆队是最危险的队形。一旦出现空格,要马上补上,排好队形。

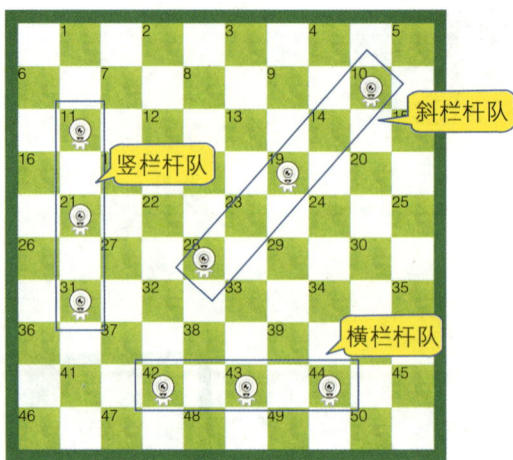

图 2.5-28

活动教案：排好队进攻

活动目标

知道队形的作用，在对弈中能注意队形。

活动准备

大棋盘、小棋盘。

活动过程

一、认识队形

打仗是一个集体的力量，如果光靠一个人肯定不行，所以我们要排好队伍去打仗，这样才能让自己的棋子互相保护，进而攻击敌人。

纵队：首先我们来认识一个队伍，叫纵队，三个棋子在一条斜线上"一字"排开，我们可以把他们称为：小弟弟、二哥哥、大哥哥，兄弟三个去打仗，本领可大了。他们有着自己的任务。

小弟弟（辅助子）：用于牺牲的棋子，起到诱敌作用。

二哥哥（主攻子）：打击对方的生力军，起到攻击作用。

大哥哥(后援子):起到支撑的作用。

有了大哥哥的存在,小弟弟才敢去诱敌,二哥哥才能攻击。如果没有大哥哥,小弟弟就不敢去诱敌,一去的话就会连二哥哥一起牺牲了。

二、纵队打击

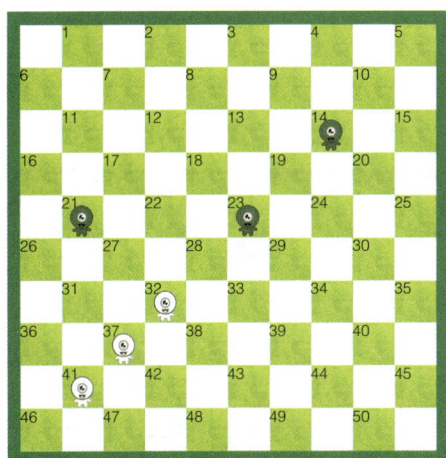
图2.5-29

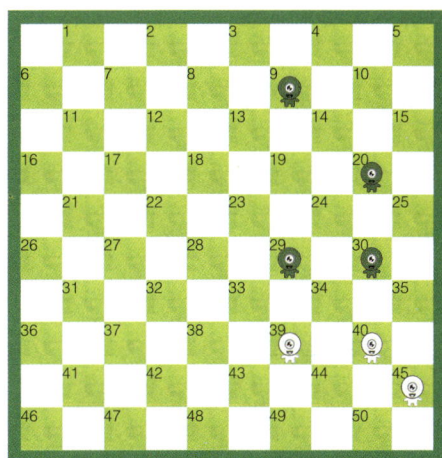
图2.5-30

三、动动小脑筋

1. 请找出白方、黑方的纵队。(如图2.5-31)

2. 请仔细观察棋局,说说黑白双方的队形,分析哪方比较有利。

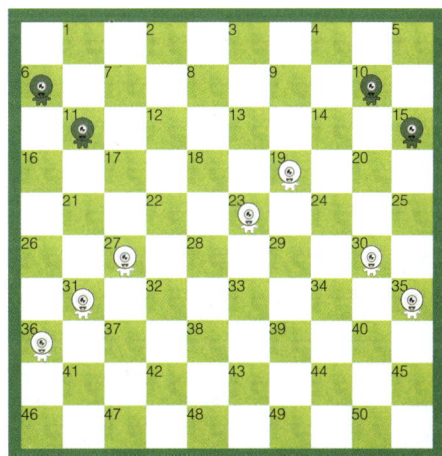
图2.5-31

亲子课堂

摆棋对局:父母当裁判,黑白双方各10枚棋子,用3分钟时间进行随意摆棋,然后进行对局。(这个游戏训练幼儿对队形的掌握)

图2.5-32

王和兵的战斗——王拦兵

知识点

王的力量强大,特别在残局时能有效地封锁路线,拦截对方的棋子,使得自己获得胜利。

一王拦一兵

1. 黑兵前面都有两条斜线(1-45、4-36),首先王要封锁其中一条斜线(1-45),走42-29,逼迫单兵朝唯一的另一条斜线(4-36)前进,走8-13。(如图2.5-33)

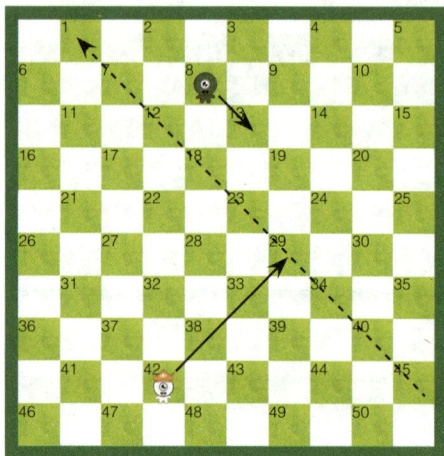

图2.5-33

2. 第二步,白王29-23单王主动和对方单兵进行对位,基于"先行不利"原则,白方胜。(如图2.5-34)

注意点:

1. 一王拦一兵基本上两步能完成,第一步封锁一条斜线,第二步对位。

2. 一王拦一兵中,第一步不能主动去捉,单王不封锁路线,而是抓黑兵,那么黑兵就逃,一个抓一个逃,永远都无法成功,所以要先封锁再对位。

3. 如果单兵距离底线三线以内,王就来不及捉兵。

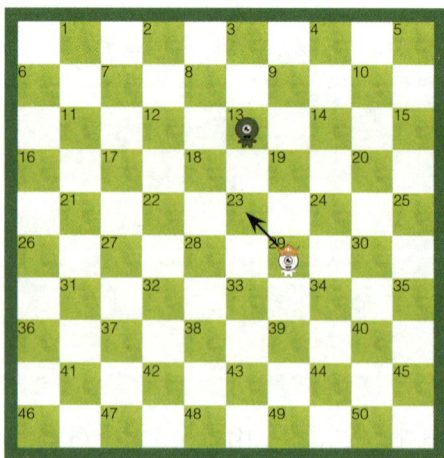

图2.5-34

一王拦两兵

大道拦兵：当对方两兵没有通过大道时（划有黑线的棋位中），单王只要守住大道就可成功拦兵。（如图2.5-35）中，黑方最后走到36、31位，就必须送子，白胜。

注意点：大道上一王只能拦两兵，如果对方有三兵的话，会通过弃两兵的方式，使第三个兵成功到达底线，形成和棋。

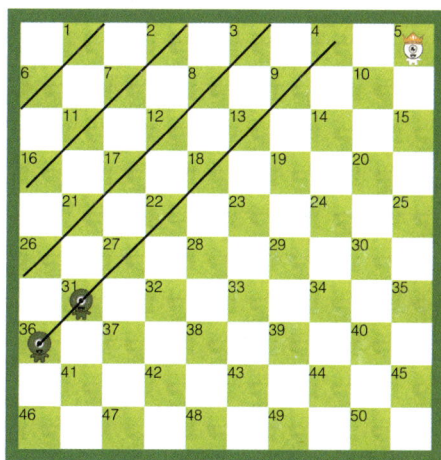

图2.5-35

叉子捉兵：王棋同时控制一左一右两枚兵，呈现叉子形状。

（如图2.5-36）中，黑兵在15、16位，白王在38位，黑方走棋，无论走哪个都必死，之后另一个也难逃被消灭，白胜。

注意点：叉子捉兵，首先运用王将两个兵赶至边线，然后寻找两个兵的共同点，同时控制两个兵。

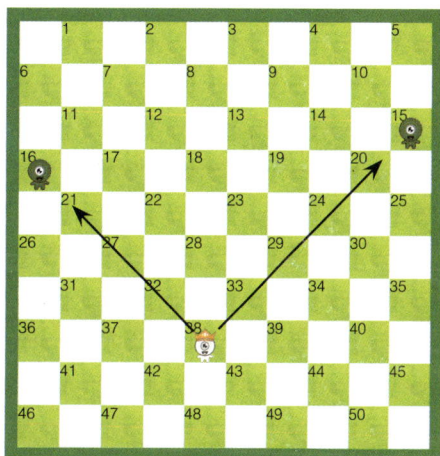

图2.5-36

一王拦三兵

双重道拦兵：（如图2.5-37）中，白方占据1-45双重道，而黑方的三个兵任意放在划有黑线的16个棋位中，白方只需在双重道上等着，黑方始终无法突破封锁，白方取胜。这就是"双重道拦三兵"。

注意点：双重道上一王只能拦三

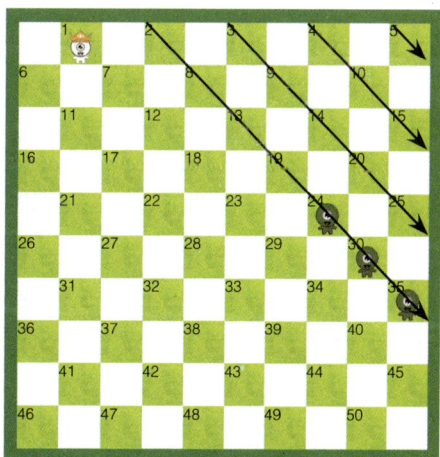

图2.5-37

兵,而且三兵要在离底线远的位置能拦。如果对方有四兵的话,会通过弃两兵的方式,引王离开双重道,使其他兵成功到达底线,形成和棋。

活动教案:王拦小兵

活动目标

掌握一王拦一兵的基本技巧,尝试在对弈中进行使用。

活动准备

大棋盘、棋子。

活动过程

一、残局情境

1. 当一方剩下一王、另一方剩下一兵的情况,你们觉得结局会如何?王怎么才能最快地抓住对方的兵呢?

2. 技巧:学会拦截,运用对位的技巧,最快两步可以成功。

二、动动小脑筋

1. 请试试走黑方,拦住对方三个白兵,教师摆棋。

2. 我们知道大道能拦两兵,三兵就无法拦截,试试(如图2.5-38)棋局,白王能否取胜,寻找其中的秘密。

提示:黑方虽然有三个兵,不过因26位黑兵没有任何作用,形同虚设。

3. 我们学了双重道拦三兵的办法,试试(如图2.5-39)棋局,帮助黑方取胜,并找出原因。

提示:黑方虽然有四个兵,不过因5位黑兵没有任何作用,形同虚设。

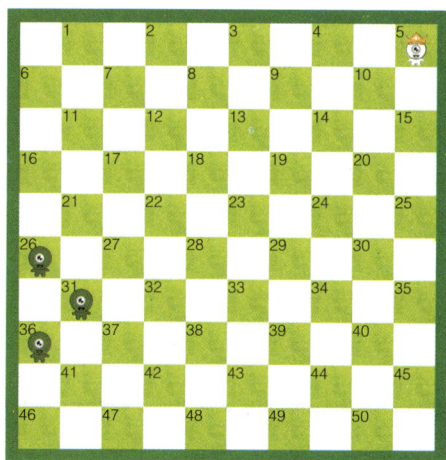

图 2.5-38

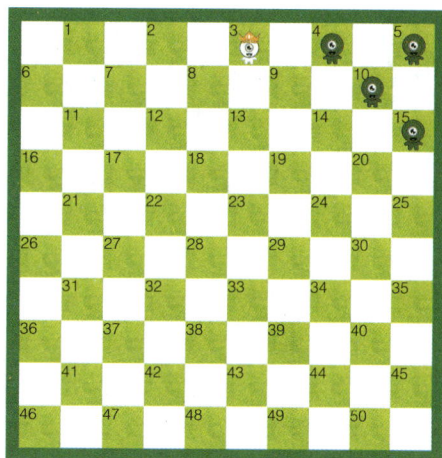

图 2.5-39

亲子课堂

在残局中,王的威力取决于其在棋盘上的位置以及对方棋子的位置。一般情况下,一王相当于三兵,王棋与兵的价值对比是:一王对五兵,五兵胜率高,一王对四兵,胜、负、和概率相同,一王对三兵,通常是和棋,一王对两兵,王棋胜率高。不过就如上所说,如果王棋位置很好,兵棋位置极差,那么就有不同结果。

(如图 2.5-40),王棋拦 6 个兵。

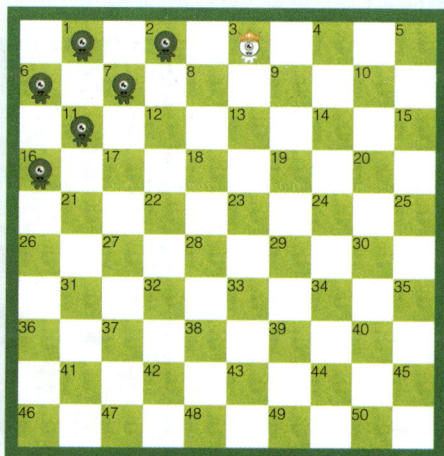

图 2.5-40

王和兵的战斗——兵抓王

知识点

在国际跳棋中,王和兵是平等的,可以互相抓捕。兵虽然威力小,不过多个兵团结起来,还是能成功抓王的。下面就介绍两种抓王的方式。

扣子:其形状如同衣服上的扣子,运用弃子的方式将王引入到兵的射程内,然后消灭。(如图2.5-41),黑方24与35之间有一个空格,就像衣服的扣子一样,轮到白方走棋,根据有吃必吃规则,白方必须走2x30,黑方35x24。

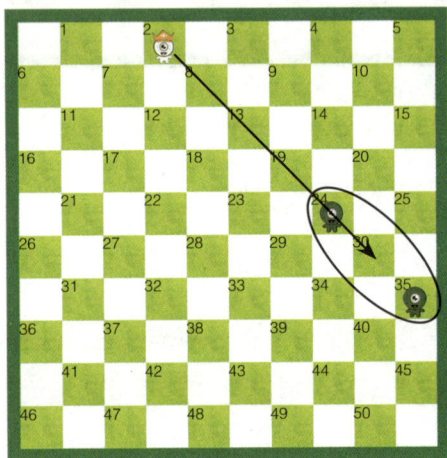

图2.5-41

注意点:两个兵就可以成功抓王,但前提是必须有一个兵处于边线或底线,一兵送吃,就可以把王引入到射程内消灭。

封王:将敌方王的路径封死,使敌方王无法走动。(如图2.5-42),黑方走棋9-14,弃兵,使白兵必须走19x10(如图2.5-43),挡住自己王的路。接着黑方走31-4(如图2.5-44),白方王被封死,兵也不能前进,黑胜。

注意点:封王战术一般在大道上使用,在其他路线上是很难封堵住灵活的王。

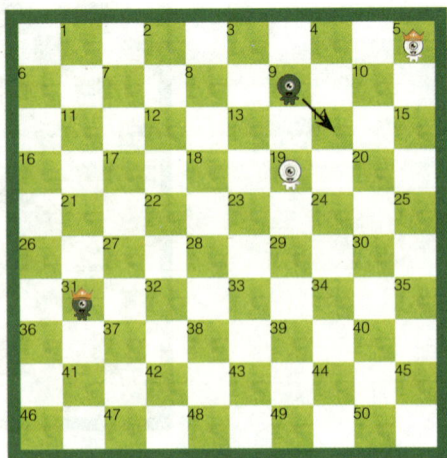

图2.5-42

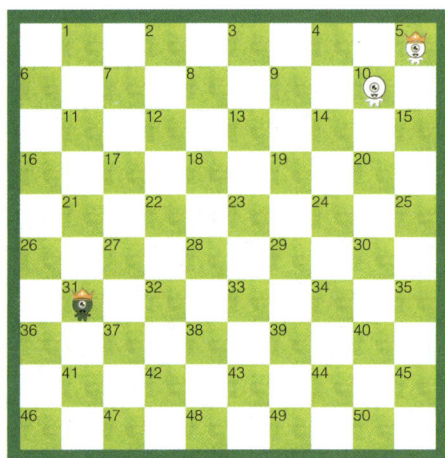

图 2.5-43

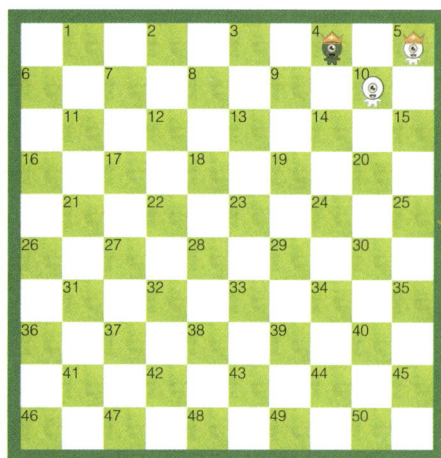

图 2.5-44

活动教案：小兵抓王

活动目标

掌握小兵抓王的基本技巧，愿意运用小兵抓王。

活动准备

大棋盘、棋子。

活动过程

一、残局情境

1. 做扣抓王：小兵很弱小，我们知道一个王就可以拦住三个小兵，那么如果我只剩下两个小兵，对方剩下一个王，是不是就一定输了呢？你认输吗？

小兵不仅勇敢，也很聪明。你看两个小兵做了一个扣，把王引到扣里来，然后抓掉。（如图 2.5-45，图 2.5-46）

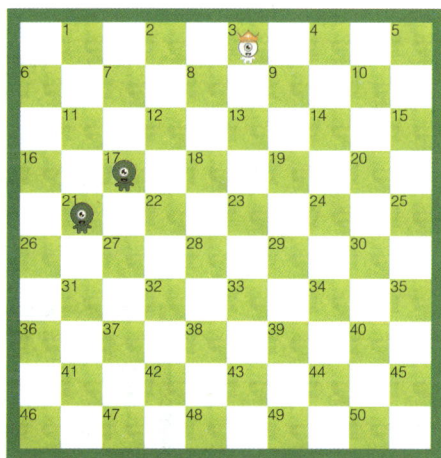

图 2.5-45

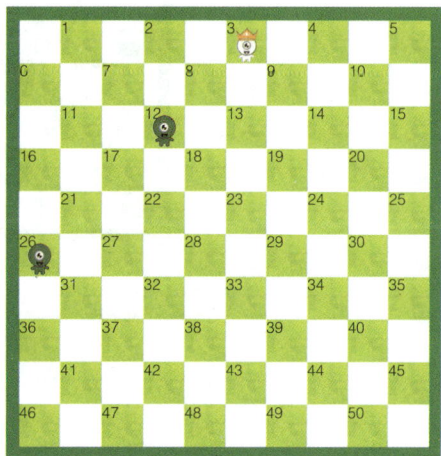

图 2.5-46

2. 封王：运用两个或以上棋子，把对方王的路线堵死，不让王动，这就是封王。

二、动动小脑筋

1. 教师摆棋，请幼儿尝试做扣，成功抓王。

温馨提示：没有扣子要做扣子，扣子的洞洞不能太大，太大反而抓不住王。

2. 两个兵就能抓王，试试三个兵，能抓王吗？（如图2.5-47）

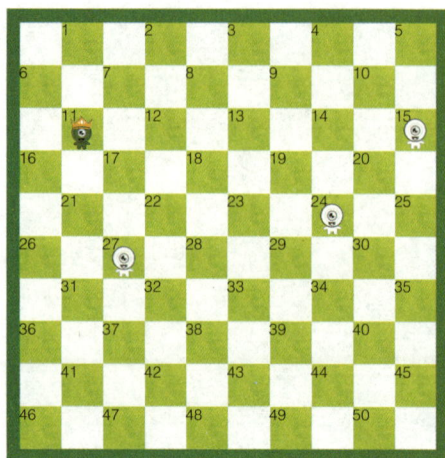

图2.5-47

亲子课堂

1. 爸爸妈妈们，让孩子在棋盘上用两个兵或三个兵摆出抓王的扣子，让孩子固定抓王的定式。

2. 爸爸妈妈们，（如图2.5-48）白方先行，你能用封王的战术，帮助白方获胜吗？也让孩子试试吧！

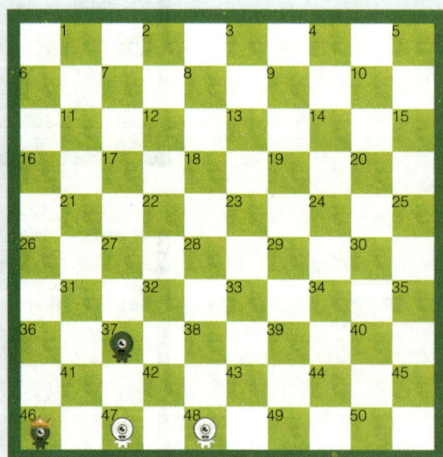

图2.5-48

答案：1. 47-41　37-42

2. 48×37（封王获胜）

知识小链接

下棋的时候谁都有过这样的体验：刚走完棋就发现那是一步漏着（坏棋），犯下了大错，或者走完棋之后又发现了另一步更厉害的棋。这时，棋手心中第一个反应就是后悔，最想做的事情就是把刚走出的那步棋拿回来，重新再走一步正确的着法。可是，我们千万不能那样做！不管此时我们在心里如何想把前一步棋犯下的错误纠正过来，下棋的时候也不能临场更换自己已经走出的棋步。

悔棋的行为是棋类比赛规则中不允许的，摸子动子、落子无悔是对一名棋手最基本的要求。侥幸的心理和违规的行为最被别人瞧不起，想成为高手要靠真本事！

强者间的对决——王对王

知识点

王在棋盘上是非常灵活的,王与王的对决更加激烈,不过只要我们掌握一定的方法,形成定式,抓王也是很简单的事情。

四王抓一王:四王对一王时,四王方是必胜的。(如图2.5-49)34、45的白王控制了双重道上半领域,39、50的白王控制了双重道下半领域,形成长方形,记住这个定式,不论黑王在哪里,都可以通过弃王手段,引黑王进入扣子,并消灭。

五王抓两王:五王必胜两王。有两种方法:

1. 兑换一枚王棋,形成四王必胜一王的局面;
2. 运用五王捉两王的定式。

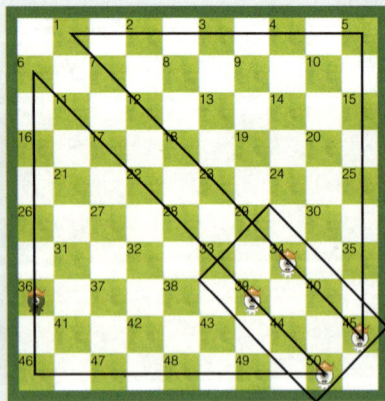

图2.5-49

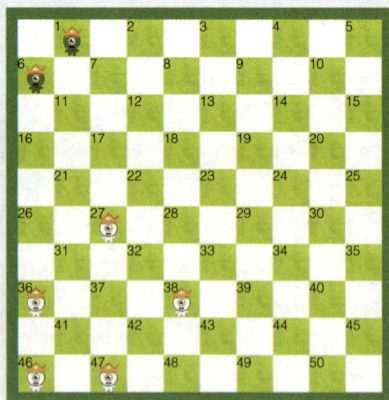

图2.5-50

▲两王占据双重道的情况,五王占据三联道,(如图2.5-50)形状同乌龟。具体走法:

1. 46-5(乌龟伸头,等待进攻)1-45(如图2.5-51)(注:如果黑方不走边位,而走中间棋位7、12、34、40或6位王走11、17、39、44的话;白方只要走5-28或5-23,马上获胜)。

2. 5-28(引6位黑王入扣)6x42。(如图2.5-52)

3. 47-29(引45位黑王入扣)获胜。

▲两王占据大道的情况,此时白王位置分散,不过也是容易掌握的。两王位于双重道,并做好扣子,两王棋位于三联道的同一斜线,一王位于底线的中间。(如图2.5-54)具体走法一:

1. 17-22(等黑王离开底线,此时黑方如果动5位王到14、19、23,白方均可48-37取胜;如果动46-32,白方走15-10取胜,所以黑方只有两个位置可走:46-23或46-14,先看46-23)46-23。

2. 15-10 5x14(引5位离开角落)。

3. 47-41 23x46。

4. 48-37 46x11

5. 6x5(白胜)。

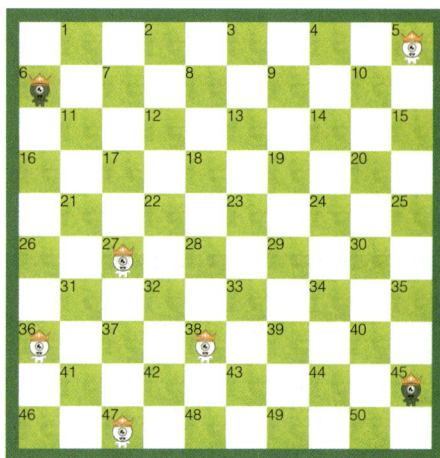

图2.5-51

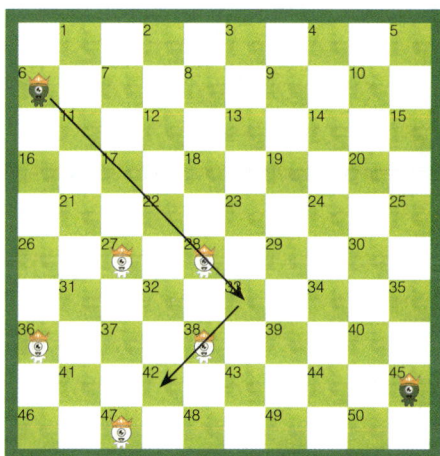

图2.5-52

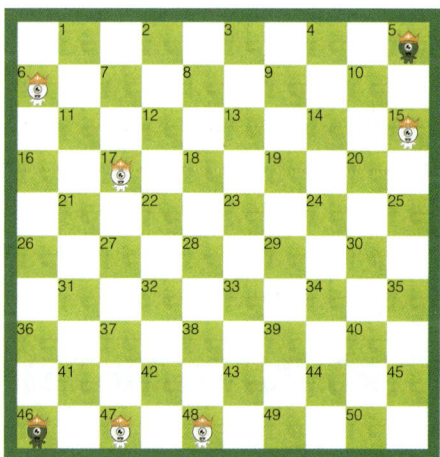

图2.5-54

具体走法二(如图2.5-53和图2.5-55):

1. 17-22 46-14   2. 47-20 14x25

3. 15-10 5x11   4. 6x39 25x43

5. 48x25 白胜

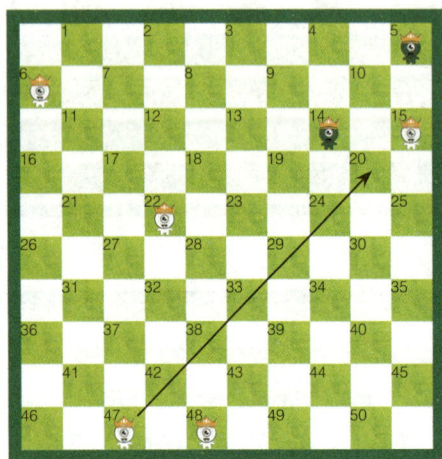

图 2.5-53

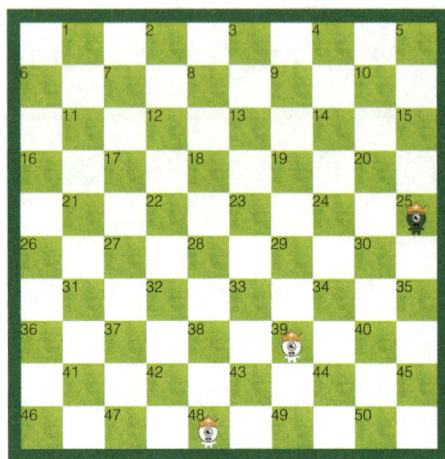

图 2.5-55

活动教案：王和王的战斗

活动目标

掌握四王抓一王的技巧，能够熟练进行抓王。

活动准备

大棋盘、棋子。

活动过程

一、出示一王和四王的局面

1. 王的威力强大，我们都很喜欢王，你看，白方剩下了四个王，黑方剩下了一个王，孩子们，白方能获得胜利吗？

2. 四王抓一王的定式局面:几步能够抓住王,你发现了什么秘密。

(1)四王在双重道,站成长方形;(2)观察黑王在哪个区域,相应负责该区域的白王去引黑王,使黑王掉进扣中。

二、幼儿看操作纸尝试反复抓王

三、延伸活动

把五王抓两王的定式局面也投放到区域,孩子自主探索尝试。

亲子课堂

请四王摆在1、12、6、17位,然后试试抓单王。(如图2.5-56)

温馨提示:当两王位大道、双重道以外的位置时,是否也能用定式来抓王呢? 试试看吧!

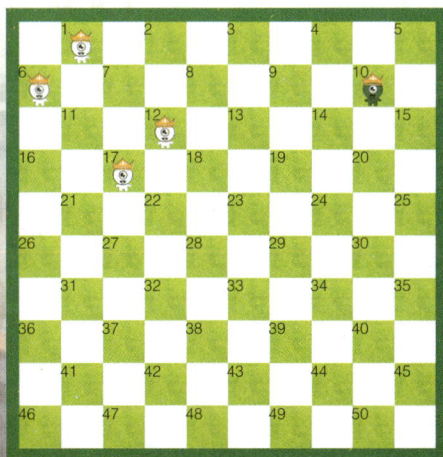

图2.5-56

答案:1. 12-23 10x11 2. 6x50 白胜

125

2019年关于棋类特色活动家长的需求调查表

调查对象:幼儿园中大班家长

参加人数:348人

具体情况	人数	占比
家长棋艺水平不足,陪伴孩子走棋有困难	163	46%
孩子兴趣不高,不爱走棋	51	17%
对弈中技巧性问题,不知道怎么教孩子	50	17%
孩子抗挫能力差、悔棋、输不起	52	18%
孩子不能坚持,没有耐心,不够专注	32	9%
家长希望得到什么帮助?		
增加家长培训,提高家长水平	135	38%
增加教棋时间,靠老师教	114	33%
怎样增强孩子的抗挫能力	69	20%
其他	30	8%

陪伴孩子学棋中家长的困惑

问题一:家长不会走棋或者一知半解,不熟悉走棋的技巧和规则,感觉棋类战术难学,担心教错。有的家长则认为自身水平无法满足和孩子对弈以及指导,孩子学得比家长快,水平比自己高。

解决策略:学校开设多层次的培训班、经验交流、互动课堂,对家长展开不定期的指导,设置微信群等网络咨询平台,家长可以随时得到棋教练、班级教师的指导。

	对象	程度	内容
家长棋艺培训班	班级家长	普及	棋艺基础入门
家长沙龙聚会	校队家长	提高	家长经验交流
亲子互动课堂	班级家长	普及	了解学棋方法
亲子家庭赛事	自愿报名	普及+提高	棋艺竞技比赛
微信网络平台	微信群、公众号	随机	个性化问题

问题二:以怎样的节奏去教孩子,怎么陪练效果好?孩子没有全局的概念,不懂得国际象棋的宗旨将军才是赢棋,怎么办?

解决策略:通过家长会、家园联系了解孩子学棋的进度和年度目标,学习相对应的教学方法。参与丰富多彩的棋类亲子活动,重视活动过程,淡化成绩,模糊名次,参赛的孩子都有奖。激发兴趣,提高棋艺,同时体验成功和失败,增进家园之间相互交流。

问题三:抗挫能力怎么培养?孩子太注重输赢,求胜心强,输了就不高

兴，被吃了一个棋子发脾气、哭闹，不认输，耍赖。不愿意和强的对手对弈。怎么让孩子接受失败，敢于面对失败，输得起，放得下，明白输了才会有进步。让孩子体验成就，学习博弈的精神。

策略一：体验成功的喜悦。

施志娥老师分享：让幼儿体验成功带来的快乐。班级里的孩子对弈练习时，安排水平略低于他的对手练习，或者教师在跟他对弈时故意输几次，在失败与成功之间寻找到平衡点，从而认识到生活有顺有逆、有苦有乐，对挫折有正确的认识。

策略二：坚持到底，不轻言放弃，才会发现意外的惊喜。

宋淳扬老师分享：在一次教师和宸宸的对弈活动中，教师一不留神，一连被宸宸吃了几个棋子，宸宸有点洋洋得意了，在那里手舞足蹈起来。突然，教师看到了一着好棋，发现可以吃到他的"后"，于是就迅速下手，教师把"后"一拿掉，宸宸的脸色顿时变了，眼泪在眼眶里打转，低着头趴在桌子上，不愿意接着下了。这时教师引导他说："宸宸，棋还没下完呢，不到最后怎么就知道自己会输呀？"宸宸非常心疼地说道："我的'后'都被你吃掉了，'后'最厉害了，有10分呢。"教师说："可是你还有双车，还有马和象啊，想想刚才你是怎么被我吃掉'后'的？""是因为我吃了你很多棋子，太高兴了，没看棋局才会这样。"宸宸说。"对呀，是因为你大意了，所以才丢子，接下去只要你不骄傲，下棋的时候不开小差，看好棋局，坚持

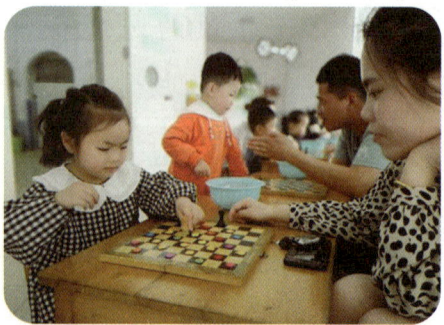

到最后,说不定会有意外的惊喜呢。男子汉,咱们继续来,好吗?"听到教师的鼓励,宸宸终于抬起头,继续接着下,在后来的对弈过程中,教师故意让了他一步棋,结果他用双车杀王的方法赢了,宸宸破涕为笑了。

策略三:重视下棋的过程,输、赢都有奖励。

应乐乐老师分享:心理学家冯斯洛说过:"挫折并不是坏事,关键是人对挫折的态度。"很多情况下,给孩子带来最多打击的往往不是失败本身,而是他对失败的理解。我先给输棋的孩子奖了一朵大红花,"恭喜你们获得了最佳挑战奖,虽然这次你们输了,但是勇于去挑战就是一种胜利,输了并不可怕,失败了多去想想原因,多练练,肯定会有进步的,成功的棋手会在失利中得到长进。"然后给赢棋的孩子也奖了大红花,颁发的奖项是优胜奖。接过大红花,孩子们都开心的笑了,原来哭丧着脸的几个孩子也露出了灿烂的笑容。

问题四:如何帮助幼儿提高下棋的兴趣和专注力? 孩子三分钟热度,不能下完一盘棋,不善于思考,怎么培养耐心?

李敏俊老师分享:家长的心态至关重要。家长的情绪不仅关系到自身的心理健康,而且也会影响到教育子女的态度和行为方式。家长心情舒畅,情绪愉快,可以给家庭创造一个祥和欢乐的心理氛围。在这种情况下,孩子会感到亲切愉快,乐于完成家长所交给的任务,学习也会更加专注。在赛场上,落败是大家都不喜欢看到的,但是如果家长能正确引导,不失为一种教育的良机,更能培养幼儿坚强的意志。校队里的多多小朋友,不管遇到什么对手都不怕,而且处于弱势时,都能坚持走棋,其中一局棋他在处于优势的情况下,一步棋走错,导致败局。他的爸爸在知道局势后,也

只是对孩子淡淡的说："好可惜，如果你能看得仔细点，这盘棋你一定会赢的，别难过，我们下一场再去赢。"就是这样的爸爸才成功培养出坚强的孩子，最后他一路过关斩将，获得全国青少年智力运动会的冠军！

周鼎力老师分享：经常鼓励幼儿"坚持下完一盘棋就是胜利""输棋不输风度"等让幼儿树立良好的棋风和棋德。另外，将故事和棋弈知识进行有效的整合，从而达到激发幼儿对棋弈游戏的兴趣。如小班的棋弈游戏中，辨别黑白格中设计了游戏"小兔跳跳"，为了让幼儿有初步的横竖概念，在游戏"小狗排队"在兵的吃法中，教师设计了游戏"兵的礼物"等。如大班，我们巧妙地用故事"调虎离山"来讲述了战术"引离"，把复杂难懂的棋局设计成了故事"大战海盗王"，教师一边用棋盘演绎，一边讲述这故事，孩子们听得津津有味。如在双车杀王中，教师用"两位警官是用什么方法把黑色坏蛋给捉住的？"，"如果棋局还剩下车和后，能用双车杀王的方法抓住黑王坏蛋吗？"等一系列问题，积极引导幼儿思考、回忆，并把自己的思考和回忆用语言阐述出来，加深了幼儿的理解。寓教于乐，引导和促进幼儿的学习与发展，也提高了学棋的兴趣。